Paul Josef Cordes / Manfred Lütz

Benedikts Vermächtnis, Franziskus' Auftrag

Paul Josef Cordes / Manfred Lütz

Benedikts Vermächtnis, Franziskus' Auftrag

Entweltlichung

Eine Streitschrift

FREIBURG · BASEL · WIEN

© Verlag Herder GmbH, Freiburg im Breisgau 2013
Alle Rechte vorbehalten
www.herder.de

Satz: Barbara Herrmann, Freiburg im Breisgau
Herstellung: CPI – Clausen & Bosse, Leck

Printed in Germany

ISBN 978-3-451-21977-1

Inhalt

Vorwort   9

A. Entweltlichung als geistliches Abenteuer
Paul Josef Cordes

Päpstliche Therapie – Eine persönliche Vorbemerkung . .   18

I. Entweltlichung – Im Anfang war das Wort   20

   1. Dissonanzen im Konzerthaus – Ein Papst
     provoziert   20

   2. Entlarvende Missverständnisse – Haltet den Dieb!   24

   3. Kleine Sprachschule – Der Worte sind genug
     gewechselt!   28

II. Entweltlichung als Ereignis – Im Anfang war der Sinn   31

   1. Simone Weil – Entweltlichung bis zum Tod   31

   2. Charles Taylor – Gottesdämmerung   36

   3. Ausgerechnet Bultmann! – Eine ökumenische
     Überraschung   41

III. Sich selbst entweltlichen – Im Anfang war die Kraft   47

   1. Ein begnadeter Theologe – Karl Rahner stellt das
     Licht auf den Leuchter   47

   2. Ein spirituelles Genie – Hans Urs von Balthasar
     meint, drei Dinge brauche jeder Christ   51

   3. Das göttliche Drama – Eine Anleitung zum
     Glücklichsein   60

IV. Entweltlichte Menschen, „merkwürdige" Heilige –
Im Anfang war die Tat 70

   1. Mutter Teresa – Aus der reichen Welt in die
heilige Armut 70

   2. Bruder Klaus von Flüe – Aus der geschäftigen
Welt in die heilige Ehelosigkeit 81

   3. Charles de Foucauld – Aus der selbstherrlichen
Welt in den heiligen Gehorsam 93

B. Die Entweltlichung der Kirche in Deutschland
Manfred Lütz

I. Die Kirche, die Liebe und die Macht – Das Kölner
Ereignis 109

II. Entweltlichung als Aufbruch – Zwei Päpste,
ein Gedanke 113

   1. Entweltlichte Verkündigung, begeisterndes
Bekenntnis – „Theologensprache ist unverkäuflich" 116

   2. Entweltlichte Caritas – Wie das Mitleid erfunden
wurde 121

   3. Entweltlichung als Chance – Wie der Heilige
Geist den Überblick verlor 126

III. Entweltlichung als Lösung – Die Karosserie ist zu
groß für den Motor 130

   1. Ein päpstlicher Befreiungsschlag gegen
Potemkinsche Dörfer 132

   2. Warum die Apostel beim Caritasverband keine
Chance hätten 136

   3. Brauchen wir noch die katholische Herzoperation? 139

IV. Entweltlichung praktisch – Laien an die Macht! 144

    1. „Wer genau weiß, wie man stirbt, den können wir
       nicht brauchen!" 145

    2. „Denn was man schwarz auf weiß besitzt, kann
       man getrost nach Hause tragen ..." 147

    3. „Die Kirche muss an die Ränder gehen!" 149

Anhang

Ansprache von Papst Benedikt XVI.
an engagierte Katholiken aus Kirche und Gesellschaft
am 25. 9. 2011 in Freiburg i. Br. 152

Predigt von Papst Franziskus bei der Eucharistiefeier mit
den Kardinälen am 14. 3. 2013 in der Sixtinischen Kapelle 159

„Ich beschwöre euch, meine Brüder, bleibt der Erde treu und glaubt denen nicht, welche euch von überirdischen Hoffnungen reden! Giftmischer sind es, ob sie es wissen oder nicht."

Friedrich Nietzsche

„Irdisches haben sie im Sinn. Unsere Heimat aber ist im Himmel. Von dorther erwarten wir auch Jesus Christus, den Herrn, als Retter, der unsern armseligen Leib verwandeln wird in die Gestalt seines verherrlichten Leibes."

Der Apostel Paulus im Brief an die Philipper

Vorwort

Milliarden starrten gebannt auf ein Ofenrohr, das aus einer alten Kapelle ragte. Es war der 13. März 2013. Wie seit Jahrhunderten waren die Kardinäle tags zuvor ins Konklave gezogen. Der Zeremonienmeister hatte mit dem „Extra omnes" die Welt aus der Sixtinischen Kapelle gewiesen. Und als um 19.06 Uhr der weiße Rauch in den Abendhimmel stieg, jubelte das Volk – wie immer, wenn der Kirche ein neuer Papst geschenkt wird. Als Papst Franziskus dann aber auf die Loggia von Sankt Peter trat, da änderte sich in wenigen Minuten so viel an der ersten Begegnung eines Papstes mit seiner Diözese wie zuvor in Jahrhunderten nicht.

Auch andere Päpste hatten davon gesprochen, sie träten nun den Dienst des Bischofs von Rom an, aber Franziskus brachte gleich seinen Kardinalvikar für Rom mit auf den Balkon und erklärte, mit ihm zusammen wolle er zunächst einmal diese Diözese Rom evangelisieren. Dann bat er das Volk, für ihn um den Segen Gottes zu bitten, und erst danach gab er seinen apostolischen Segen. Und vor allem trat dieser Franziskus ganz schlicht und ohne Insignien der Macht vor die Welt, ohne die päpstliche Mozzetta, jenen prachtvollen Schulterüberwurf, dessen Rot an das Blut der Märtyrer erinnern soll, und ohne das kostbare Brustkreuz, sondern mit einfachem weißem Papstgewand und einem Kreuz aus Blech.

Viele wollten in diesen Zeichen eine Abkehr von seinem Vorgänger sehen, aber schon in seiner ersten Ansprache als Papst würdigte er Benedikt XVI. ausdrücklich und machte augenfällig, dass beide Päpste sich vor allem in ihrer liebenswürdigen Demut ähnelten: Benedikt, der persönlich auf Äußerlichkeiten überhaupt keinen Wert legte und der in den ihm auferlegten päpstlichen Gewändern geradezu körperlich die Last seines Amtes erduldete, und Franziskus, der diese Demut nach außen trug und auch äußerlich auf die majestätischen Zeichen des päpstlichen Amtes verzichtete. Was den Theologenpapst Joseph Ratzinger und den Seelsorgepapst Jorge Mario Bergoglio aber geistig verbindet, das wurde in der ersten Ansprache von Papst Franziskus an die Kardinäle klar. „Immer in Bewegung" müsse die Kirche sein, hatte Papst Benedikt XVI. in seiner berühmten Freiburger Rede am 25. September 2011 gesagt, und Papst Franziskus betonte vor den Kardinälen am 14. März 2013: „Unser Leben ist ein Weg, und wenn wir anhalten, geht die Sache nicht." Als Franziskus dann aber von der Weltlichkeit des Teufels, von der Weltlichkeit des Bösen sprach und die Kardinäle davor warnte, „weltlich" zu sein, da nahm er für alle hörbar die Melodie Benedikts XVI. auf, der in derselben Freiburger Rede vor allem der Kirche in Deutschland „Entweltlichung" verordnet hatte.

Diese Rede damals war ein unerhörter Skandal. Mitten in Deutschland, am Bischofssitz des Vorsitzenden der Deutschen Bischofskonferenz und am Sitz des mächtigen Deutschen Caritasverbandes sagte der deutsche Papst nicht das, was er hätte sagen müssen, um absehbar den Beifall seiner Zuhörer zu erlangen, sondern er redete der deutschen Kirche ins Gewissen. Die Freiburger Entweltlichungsrede war das Vermächtnis des deutschen Papstes an seine deutschen Landsleute. Wie immer hatte Papst Benedikt seinen Text in ruhigem, liebenswürdigem Ton vorgetragen, aber der Inhalt war explosiv. Er rührte an die Grundfesten des deutschen Institutionskatholizismus. Der Beifall war verhalten, und nach der Rede brach sich völlige Verwirrung Bahn. Ein empörter Kirchenfunktionär stieß aufgeregt hervor, so etwas dürfe ein Papst doch nicht tun. Damit entziehe er der deutschen Kirche die Basis ihrer Existenz. Das stelle ja alles zur Disposition, die Kirchensteuer, die Macht und den Einfluss der Kirche.

Tatsächlich hatte der Papst in mildem Ton die Gefahren kirchlicher Verweltlichung gegeißelt, hatte auf die schmerzlichen geschichtlichen Erfahrungen hingewiesen und sich sogar nicht gescheut, die kulturschänderische Säkularisation zu loben. Dass ein Papst die Kirchenenteignungen im Gefolge der Französischen Revolution als heilsam für die Kirche darstellte, wann hatte es das schon einmal gegeben? Wie dringlich musste Benedikt XVI. das Problem der fatalen Verwobenheit der deutschen Kirche mit der Welt sehen, wenn er den wohl endgültigen Abschied von seiner Heimat nicht mit einer wohltemperierten, harmonischen Rede ausklingen ließ, sondern mit einem flammenden Appell zur Umkehr. Und er hatte in dieser spektakulären Rede der Kirche verheißen, dass sie gerade durch Verzicht auf weltliche Macht kraftvoller in der Welt wirken könne. Der Papst hatte für eine veritable Reformation plädiert, für eine geistliche Neuformung der Kirche von ihren Ursprüngen, von ihren Quellen her. Und das galt nicht nur für die Institutionen, sondern auch für das geistliche Leben jedes einzelnen Christen – im Sinne von Mutter Teresa, die einmal gefragt wurde, was sich in der Kirche ändern sollte, und die darauf antwortete: Sie und ich. Dann jedenfalls können Christen befreiter und überzeugender auf die säkulare Welt zugehen. Schon morgens hatte der Papst bei der Messe auf dem Freiburger Flugplatz erklärt: „Agnostiker, die von der Frage nach Gott umgetrieben werden … sind näher am Reich Gottes als kirchliche Routiniers, die in ihr (der Kirche) nur noch den Apparat sehen, ohne dass ihr Herz davon berührt wäre, vom Glauben berührt wäre." Das Jahr des Glaubens hatte Benedikt dann für 2013 ausgerufen, und sein Nachfolger hält aus offensichtlich tiefer Überzeugung daran fest. Das unermüdliche Hinweisen auf Christus kennzeichnete den Pontifikat Papst Benedikts XVI., und bruchlos knüpfte Papst Franziskus daran an, als er mahnend in der Predigt an die Kardinäle, unmittelbar nach seiner Wahl, sagte: „Wenn wir nicht Jesus Christus bekennen … (werden wir) eine wohltätige Nichtregierungsorganisation, aber nicht die Kirche, die Braut Christi." Und dann sagte Papst Franziskus in seiner Ansprache an die Journalisten am 16. März 2013 etwas Alarmierendes. Er sagte, er wünsche sich eine Kirche für die Armen. Das allein wäre für die deutsche Kirche noch nicht beunruhigend gewesen. Denn in der Tat geben deutsche Katholiken vor allem durch die zahllosen Hilfswerke viel Geld für die Armen in der Dritten Welt. Doch Papst Franziskus hatte noch mehr gesagt: Er wünsche sich, so lautet das vollständige Zitat, „eine arme Kirche für die Armen".

Eine arme Kirche, was um Gottes willen sollte das heißen? Schon Papst Benedikt XVI. hatte in seiner Freiburger Rede eine arme Kirche gefordert, die in dieser Armut wieder missionarischer werden könnte. Ganz auf dieser Linie machte Papst Franziskus schon gleich nach seinem Amtsantritt klar, dass auch er das nicht metaphorisch meinte. Den Mercedes, der den neuen Papst die paar Hundert Meter zu seiner Unterkunft bringen sollte, ließ er stehen und bestieg mit den Kardinälen den Bus. Auch an der schlichteren Limousine, die am nächsten Tag dastand, ging er vorbei. Die ersten Gottesdienste zelebrierte er mit der schlichten Mitra, die er aus Buenos Aires mitgebracht hatte, und das blieb auch beim Ostergottesdienst so.

Solche Botschaften ohne Worte schaffen Fakten. In Zukunft wird es also nicht mehr bloß so sein, dass ein deutscher Kaplan mehr verdient als ein römischer Kurienkardinal; ein deutscher Weihbischof wird sich dann wohl in seinem Dienstwagen etwas unwohl fühlen, weil er weiß, dass der größer ist als der Wagen des Papstes, und auch seine Mitra ist mutmaßlich kostbarer. Natürlich ist der Prunk, mit der manche Kirche ausgestattet ist, zur höheren Ehre Gottes gedacht, und im Goldglanz ihrer Kirchen ahnen manche Arme Lateinamerikas das Paradies, auf das sie nach einem mühevollen Leben hoffen. Natürlich sind die prachtvollen Gewänder von Priestern und Bischöfen nicht für die armseligen Menschen gedacht, die auch Priester und Bischöfe manchmal sind, sondern sie sind eine sinnfällige Ehrung Christi, in dessen Person diese geweihten Amtsträger gottesdienstlich handeln. Doch wenn schon der Papst bescheidenere liturgische Gewänder wählt, dann wird sich das sicher auch auf den Aufwand auswirken, den Bischöfe und Priester ihrer liturgischen Kleidung wegen nicht selten betreiben. Worte und Taten des neuen Papstes wirken sich jetzt schon aus.

Was bedeutet aber das Vermächtnis des deutschen Papstes für die deutsche Kirche? Was bedeutet „Entweltlichung" genauer, was bedeutet der Auftrag des neuen Papstes, nicht weltlich zu sein, für uns in Mitteleuropa? Nehmen wir, um diese Frage konkret zu machen, als Beispiel einmal Köln: Was bedeutet das für den Jahresetat von rund einer Milliarde Euro allein im Erzbistum Köln mit über 50.000 kirchlichen Angestellten unter anderem in 54 katholischen Krankenhäusern angesichts von nur etwa 215.000 sonntäglichen Kirchenbesuchern?

Der Vorfall im Dezember 2012 an zwei katholischen Krankenhäusern in Köln, wo die diensthabenden Ärztinnen die

Aufnahmeuntersuchung einer mutmaßlich vergewaltigten Frau verweigerten, warf ein Schlaglicht auf diese prekäre Situation. Die Ärztinnen waren sich offenbar über die „katholischen Prinzipien" der Häuser im Unklaren und scheuten sich, ihre Hilfe anzubieten. Dabei verstießen sie gerade damit ausdrücklich gegen die auch in den Leitbildern der Krankenhäuser niedergelegten Prinzipien. Man kann aber auch andere Prinzipien nicht durch Texte anordnen und notfalls arbeitsrechtlich durchsetzen. Wenn die Überzeugungen der Mitarbeiter erheblich von diesen Prinzipien abweichen, dann entwickelt sich das Arbeitsrecht zum Instrument einer weltanschaulichen Nötigung, und das akzeptieren weder die einzelnen Betroffenen noch die Gesellschaft im Ganzen. Dabei ist die Rechtslage noch vergleichsweise klar. Juristisch hat die Kirche immer noch erhebliche Möglichkeiten, in ihren Einrichtungen ihre Vorstellungen durchzusetzen, auch was die persönliche Lebensführung der Mitarbeiter betrifft. Aber gesellschaftlich gelten vor allem arbeitsrechtliche Konsequenzen aus persönlichen Lebensentscheidungen als absolut inakzeptabel. Die öffentliche Empörung in jedem solchen Fall schadet dem Ruf der Kirche aufs Schwerste. Es wäre eine Illusion, anzunehmen, die katholische Kirche könne über das Arbeitsrecht einklagbar sicherstellen, dass (noch einmal für den Bereich des Erzbistums Köln gesprochen) 50.000 kirchliche Angestellte oder auch nur eine wichtige Gruppe davon „katholisch" leben. Inzwischen ist die Situation so weit eskaliert, dass dringend Konsequenzen gezogen werden müssen.

Bereits zu Beginn seiner Tätigkeit als Erzbischof von Köln hatte Kardinal Meisner mit Blick auf die aufgeblähten kirchlichen Institutionen darauf hingewiesen, dass der Motor zu klein für die gewaltige kirchliche Karosserie sei. Gerade aus Kirchenkreisen hatte man ihm daraufhin polemisch entgegengehalten, das sei Ghettodenken; Joachim Meisner komme halt aus dem Osten und kenne nur eine kleine Kirche, er müsse sich erst noch an westliche Dimensionen der katholischen Kirche gewöhnen. Und auch Papst Benedikt schallte es nach einer Schrecksekunde aus dem kirchlichen Establishment maliziös entgegen, seine Freiburger Rede sei offensichtlich die Flucht eines akademischen Traumtänzers aus der realen Welt. Der Sinn des Ausdrucks Entweltlichung wurde kurzerhand völlig pervertiert, indem man vorgab, der Papst habe für Weltflucht plädiert – was der wirklichen Rede diametral widersprach, in der es geheißen hatte: „Das heißt natürlich nicht, sich aus der Welt zurückzuziehen, sondern das Gegenteil. Eine vom Weltlichen entlastete Kirche vermag gerade auch im sozial-caritativen Bereich den Menschen, den Leidenden wie ihren Helfern, die besondere Lebenskraft des christlichen Glaubens zu vermitteln." Wenn bewusste Verdrehungen der Freiburger Rede nicht verfingen, blieb als Verteidigungslinie gegen diese gefährliche Rede die Behauptung, Papst Benedikt XVI. habe in Freiburg vor allem als Papst der Weltkirche gesprochen. Er habe natürlich nicht die deutsche Situation gemeint, die Kirchensteuer nicht, die Institutionen nicht und auch nicht den Umgang mit Macht. Man scheute sich also nicht zu behaupten, dass ein deutscher Papst, wenn er in einer deutschen Stadt vor Deutschen auf Deutsch rede, vor allem Lateinamerika gemeint haben müsse …

Absurder ging es eigentlich nicht mehr. Doch inzwischen holt die Realität solche Eskapaden ein. Alle paar Wochen wird der Ruf der Kirche durch entsprechende Ereignisse erschüttert. Die öffentliche Empörung auslösende Entlassung einer beliebten Kindergärtnerin aus einem katholischen Kindergarten, weil sie zu ihrem Lebensgefährten gezogen war, die gerichtlich erzwungene Wiedereinstellung eines Chefarztes, der nach seiner Scheidung wieder geheiratet hatte, zuletzt die Geschichte mit der vergewaltigten Frau in der Notaufnahme, aber auch das in einer evangelischen Einrichtung erstrittene Streikrecht – all das sind deutliche Zeichen dafür, dass das kirchliche Institutionswesen so nicht mehr zu halten ist, wenn die Kirche nicht noch weiter schweren Schaden an ihrem öffentlichen Ruf nehmen soll. Institutionelle Macht über Menschen auszuüben, bei denen von vornherein klar ist, dass sie sich gar nicht mit der Kirche identifizieren wollen, toleriert die Gesellschaft nicht mehr. Und da scheint plötzlich die Freiburger Rede Papst Benedikts XVI. und die Warnung vor der Weltlichkeit durch Papst Franziskus einen Ausweg zu weisen, der die Kräfte der Kirche nicht in juristischen Rechthabereien verbraucht, sondern sie für das Wesentliche freisetzt, die Verkündigung des Glaubens an einen menschenfreundlichen Gott. Und deswegen befasst sich dieses Buch mit diesem Thema. Es ist das Schicksalsthema der katholischen Kirche in Deutschland. Ob es der Kirche hierzulande freilich gelingen wird, aus eigener Einsicht und eigenen Kräften eine Wende herbeizuführen, das ist ungewiss. Vielleicht schafft die Kirche den Verzicht auf institutionelle Macht ja nicht aus eigenem Antrieb. Dann bleibt nur die Alternative einer gnädigen Säkularisation von außen. Damit es dazu nicht kommen muss, dazu soll dieses Buch beitragen.

Damit Entweltlichung aber nicht bloß als ein oberflächliches Selbstsäkularisierungsprogramm missverstanden wird, sondern damit sie im Gegenteil als geistliches Ereignis begriffen wird, das jeden Einzelnen zur Besinnung kommen lässt, und damit ihre eigentliche Kraft entwickelt, darum stellt im ersten Teil Kardinal Paul Josef Cordes die Freiburger Rede

Papst Benedikts XVI. in ihren historischen und theologischen Kontext. Er verweist auf eindrucksvolle moderne Menschen, die sich auf den Weg der Entweltlichung gemacht haben, und dabei nicht nur auf Katholiken, nicht einmal nur auf Christen. Erst dadurch wird die moderne und übrigens auch die ökumenische Dimension des Entweltlichungsbegriffs sichtbar.

Manfred Lütz stellt dann noch einmal die aktuelle Frage nach der Zukunft der kirchlichen Institutionen in Deutschland. Im Anhang ist schließlich die Freiburger Rede Papst Benedikts XVI. abgedruckt sowie die Predigt von Papst Franziskus vor den Kardinälen am Tag nach seiner Wahl.

Kardinal Paul Josef Cordes   Dr. Manfred Lütz

A. Entweltlichung als geistliches Abenteuer
Paul Josef Cordes

Päpstliche Therapie – Eine persönliche Vorbemerkung

Der Rücktritt von Papst Benedikt XVI. war für mich mehr als ein überraschendes Ereignis der Zeitgeschichte. Er traf mich ganz persönlich. Mehr als dreißig Jahre hindurch hatten sich unsere Wege im Vatikan gekreuzt: wenn ich ihn aus dienstlichen Gründen in seinem Büro aufsuchte und um Rat fragte; wenn wir uns am Aufzug des Sant' Uffizio – seinem damaligen Arbeits- und meinem Wohnort – sahen; wenn wir uns über Angelegenheiten und Vorkommnisse in Deutschland austauschten; wenn wir uns aus Anlass unserer Namenstage jeweils gegenseitig einluden. Noch Mitte Januar 2013, knapp einen Monat vor der Ankündigung seines Rücktritts am 11. Februar, durfte ich zum Abendessen sein Gast sein und erlebte ihn mit seiner für einen 85-Jährigen brillanten geistigen Präsenz.

Die Rede des Papstes an uns Kardinäle an jenem Vormittag des 11. Februar war für mich ein Schock. Doch verminderte sich in den darauffolgenden Tagen meine Niedergeschlagenheit ein wenig. Sein Pontifikat als Ganzes trat in den Blick. Die Medien kommentierten überwiegend positiv: „… will kein Chaos hinterlassen …", „Vorbild für die Welt", „Menschen vom Schlag Benedikts braucht die Welt". Das war nicht immer so gewesen. Doch den „Hass der Welt" (Joh 15,18) hatte Jesus Christus selbst seinen Jüngern schon angekündigt. Die Anfeindungen, denen er oft ausgesetzt war, stärkten darum in mir eher noch die Glaubwürdigkeit seines Dienstes.

Je länger ich nachdachte, umso mehr erkannte ich in dem Rücktritt etwas von der Wesensart Joseph Ratzingers: Seine geistliche Unterscheidungskraft hatte schon häufig mein Vertrauen in sein Urteil geweckt. Ungemein selbstkritisch und anspruchsvoll kam er seinen Pflichten nach, und er fürchtete wohl, diesen eigenen hohen Ansprüchen an sich selbst und das verantwortungsvolle Amt nicht mehr gerecht werden zu können. Dabei ist er von entwaffnender Demut: Einmal, als wir uns während des Sommerurlaubs in Brixen trafen, lud er mich in ein Lokal zum Essen ein: Wir kamen auf Hans Urs von Balthasar und dessen geniales theologisches Werk zu sprechen. Keine einzige Bemerkung zu seinen eigenen Publikationen kam Joseph Ratzinger über die Lippen. Sein einziger Kommentar zu Balthasar beeindruckte mich durch totale Selbstvergessenheit: „Was für eine Gnade, diesen Mann erlebt zu haben!"

„Was für eine Gnade, diesen Mann erlebt zu haben!" Er hatte dieses Wort über den Schweizer Theologen gesagt. Ich möchte es aber auch auf ihn selbst anwenden. Natürlich bin ich nicht so vermessen, die Schätze jetzt darlegen zu wollen, die uns seine Authentizität als Person und Amtsträger, seine pastorale Sensibilität, seine theologische Genialität und seine kirchenpolitische Weitsicht hinterlassen haben. Ich möchte mich nur mit einem vom ihm in Umlauf gesetzten Begriff befassen, weil dieser Begriff so ungewöhnliche Aufmerksamkeit und so heftigen Widerspruch geweckt hat, mehr noch: weil dieser Begriff einen zentralen Grundimpuls seines Pontifikats formuliert. Die Rede ist von dem Ausdruck „Entweltlichung". Joseph Ratzinger, Papst Benedikt XVI., hat dieses Wort keineswegs in polemischer Absicht gewählt, sondern als Therapie für die Katholiken in Deutschland.

I. Entweltlichung – Im Anfang war das Wort

1. Dissonanzen im Konzerthaus – Ein Papst provoziert

Wohl selten hat die Rede eines römischen Bischofs in Deutschland solche Wellen geschlagen wie diejenige Papst Benedikts XVI. bei seinem Besuch im Konzerthaus in Freiburg am 25. September 2011. (Der Text, der in gewisser Weise das Vermächtnis dieses Papstes an seine Landsleute ist, findet sich im Anhang dieses Buches.) Die zentrale Aussage, die der Papst dann noch näher ausführte, lautete: „Um ihre Sendung zu verwirklichen, wird sie (die Kirche) auch immer wieder Distanz zu ihrer Umgebung nehmen müssen, sich gewissermaßen ‚entweltlichen‘." Was das heißt und was das nicht heißt, darum soll es in diesem Buch gehen.

Diese Rede stand im Zentrum einer Begegnung mit „engagierten Katholiken aus Kirche und Gesellschaft" im Freiburger Konzerthaus. Sie bildete nicht nur den Abschluss der kraftvollen Verkündigung während der Tage in seinem Vaterland. Sie richtete sich nach den Gottesdiensten in verschiedenen Städten und den Begegnungen mit ihren unterschiedlichen Gruppen und lokalen Aspekten an alle Glaubenden des Landes – unabhängig von der jeweiligen örtlichen, staatlichen, kirchlichen, sozialen und hierarchischen Verantwortung. Keiner im Auditorium konnte denken, er sei nicht gemeint. „Kirche sind wir alle", formulierte der Papst unmissverständlich. So wollte er denn auch mit seinen Worten nicht bloß kirchliche Organisationen und Institutionen ansprechen, worauf manche die Freiburger Rede zu reduzieren versuchten. Benedikt ist ein zu erfahrener Hirte, als dass er unbeachtet ließe: Die fällige Veränderung kann den einzelnen Christen nicht überspringen; sie muss vielmehr von ihm ausgehen. Darum begann er auch mit der Erzählung einer kleinen Episode. Er berichtete, die selige Mutter Teresa sei gefragt worden, was sich ihrer Meinung nach als Erstes in der Kirche ändern müsse. Ihre Antwort sei gewesen: „Sie und ich!" So spricht Benedikt XVI. von dem Weg, auf dem „sich die Weltoffenheit des einzelnen Christen wirksam und angemessen vollziehen kann".

Den päpstlichen Aufruf zur Entweltlichung nimmt also nicht zuletzt derjenige ernst, der seinen Anspruch an jeden einzelnen Christen heraushört. Mehr noch: Der Papst sieht seine Rede als ein Element der umfassenden Grundabsicht für seine Reise „in mein Deutschland", wie er auf seinem Hinflug über die Alpen formulierte, nämlich „die Botschaft Christi in mein Land zu tragen". Seine Rede richtet sich gegen die Versuchung der Kirche, dass sie „zufrieden wird mit sich selbst, sich in dieser Welt einrichtet und sich den Maßstäben der Welt angleicht". Auch wenn solche „Verweltlichung" in kirchlichen Institutionen unübersehbar ist, beginnt sie nicht mit diesen Einrichtungen. Wenn der Glaube neue Kraft gewinnen soll, hat zunächst der Einzelne bei sich selbst anzufangen. Jesus selbst ist das ewig gültige Beispiel dafür: Der einzelne Heilige sammelt „Hör-Willige" um sich, die sich dann heiligen und sich senden lassen. So geschieht Erneuerung.

Bei genauerem Blick auf die Rede des Papstes springt sofort ins Auge, wie sehr sie von der Heiligen Schrift inspiriert ist. Benedikt sieht die Kirche aus zwei Blickwinkeln, dem der Öffnung auf die Welt und dem der Öffnung auf Gott hin:

„Und deshalb muss sie (die Kirche) sich immer neu den Sorgen der Welt öffnen, zu der sie ja selbst gehört, sich ihnen ausliefern …" Die wahre Entweltlichung „heißt natürlich nicht, sich aus der Welt zurückzuziehen, sondern das Gegenteil".

„In der geschichtlichen Ausformung der Kirche zeigt sich ..., dass die Kirche zufrieden wird mit sich selbst, sich in dieser Welt einrichtet, selbstgenügsam ist und sich den Maßstäben der Welt angleicht. Sie gibt nicht selten Organisation und Institutionalisierung größeres Gewicht als ihrer Berufung zu der Offenheit auf Gott hin, zur Öffnung der Welt auf den Anderen hin."

Diese beiden klaren Markierungen der päpstlichen Vorstellung von der Kirche wirklich zur Kenntnis zu nehmen, hätte die aufgescheuchten Gemüter bald beruhigen können. Nach den Worten des Papstes ist die zur Öffnung auf Gott hin berufene Kirche nicht von der Welt zu trennen, und wir Christen teilen diese Verquickung. Aufgabe der geweihten Hirten ist es freilich, beide Dimensionen, die horizontale und die vertikale, zur Geltung zu bringen, indem sie den Blick der Menschen entweder auf die „Sorgen der Welt" oder auf die „Öffnung der Welt auf den Anderen hin" lenkt. Gewiss hätte der Papst ein weniger streitbares Wort für seinen Appell an die Kirche wählen können als das Wort „Entweltlichung". Doch man darf dankbar sein, dass er sich für den klareren und wenig abgegriffenen Ausdruck entschied und seine ernsten Bedenken nicht hinter harmlosen Formulierungen versteckte, die oft hinter Beschwichtigungen die Konturen der Wahrheit aufs Spiel setzen.

Um die schlichtesten Missverständnisse des Begriffs Entweltlichung richtigzustellen, muss geklärt werden, was „Welt" heute eigentlich bedeutet. „Welt" ist im zeitgenössischen Sprachgebrauch ein neutraler Begriff, der im Wort „weltoffen" positiv klingt, im Adjektiv „verweltlicht" aber immer noch auch negativ. Wenn Christen von der „Welt" reden, meinen sie aber immer auch den biblischen Gebrauch des Wortes, und der unterscheidet sich vom heute gängigen Verständnis von „Welt".

Der Exeget Norbert Brox, auf den ich mich hier beziehe, ist dieser Frage nachgegangen. Die Bibel bezeugt, dass Jesus zu unserem Heil in die Welt gekommen ist und das Evangelium für die ganze Welt bestimmt hat. Doch die Welt lässt ihn scheitern. Die drei ersten Evangelien heben den Widerstand der Welt gegen den Herrn und seine Jünger hervor. Anderseits bezeugen die vielen Heilungsberichte, dass der Messias ihren bösen Mächten überlegen ist. Doch obwohl der Fürst dieser Welt, der Teufel, gestürzt ist, bleibt sein Einfluss wirksam. So wird die Welt dem Glaubenden zur Gefahr. Für den Völkerapostel Paulus ist seine Sicht der Welt bestimmt von dem Glauben, dass das Heil des Menschen allein von Christus kommt. „Welt" versteht Paulus als Gegensatz zu den Begriffen „Gott", „Herr Jesus", „Christi Geist" und „Freiheit" – sie ist für ihn die Summe all dessen, was den Menschen bedroht, bedrückt und versklavt. Dennoch kann der weltliche Zustand der Nichtigkeit und des Verderbens kraft der Gemeinschaft mit Christus zum Durchgang hin zur Auferstehung führen. Ausführlich stellt schließlich das Johannesevangelium die Gottfeindlichkeit der Welt dar. Die Menschen, so lesen wir da, haben sich der Wahrheit verschlossen. Sie ziehen es daher vor, „aus der Welt" zu sein. Der unerlöste menschliche Kosmos ist die Gegenwelt zu Gott und damit von eindeutig negativer Qualität. Die Ablehnung des Gottessohnes hat das Gericht über die Welt gebracht. Sie ist blind für die Ereignisse, die ihr das Heil bringen wollten, denn sie urteilt „nach dem Augenschein".

Für Menschen, die sich damals wie heute ganz in der Welt eingerichtet haben, die „mondän" geworden sind, wie Papst Franziskus das ausdrückt, ist diese Bewertung der „Welt" natürlich eine Provokation. Und wie ärgerlich ist sie erst, wenn sie nicht abstrakt formuliert, sondern auf die Lebenswelt von Zuhörern angewandt wird! Dann mag sie verwunden wie die Schärfe des „zweischneidigen Schwertes" (Hebr 4,12). Dass damit freilich nicht all das Schöne, Gute und Wahre der Welt als Schöpfung Gottes geleugnet wird, sollte sich eigentlich von selbst verstehen.

2. Entlarvende Missverständnisse – Haltet den Dieb!

In seinem Buch *Entweltlichung* hält der Schweizer Kardinal Kurt Koch, der in Freiburg dabei war, die bemerkenswerten Reaktionen fest, die die Papstrede auslöste. Seine Schilderung erfasst die geradezu aufgereizte bis ratlose Stimmung unter den vielen Kirchenleuten, das auch ich schier mit Händen greifen konnte. Der Papst, schreibt Koch, habe seine Zuhörer mit dem Stichwort „Entweltlichung" überrascht und manche schockiert. Nicht wenige hätten denn auch während der Rede und in den lange anhaltenden Diskussionen nach dem Papstbesuch dieses Wort „als kapitalen Fehler" wahrgenommen. Befürchtungen seien laut geworden, der Papst habe das Zweite Vatikanische Konzil mit seiner gewollten Öffnung auf die Welt hin widerrufen. Noch weiter gehende Befürchtungen hätten geäußert, der Papst habe dem Christlichen überhaupt Schaden zugefügt, weil dessen Kern in der „Weltzuwendung und Menschwerdung Gottes bestehe". Offenbar wolle er „die Kirche wiederum in ein lebensfremdes neurasthenisches Gebilde zurückverwandeln, das sich aus dem Dreck und Elend der Welt heraushält". So weit die Zusammenfassung, die Kardinal Koch an den Anfang einer gediegenen Analyse stellt, in der er den Appell des Papstes theologisch rechtfertigt.

Andere Kommentatoren gingen mit ihrer Kritik ins Detail, vor allem Katholiken. Gerade diejenigen, die direkt oder indirekt gemeint waren, taten nach dem Motto „Haltet den Dieb!" so, als seien nicht sie und die von ihnen vertretenen Institutionen das Problem, sondern der Papst. Der katholische Soziologe Franz-Xaver Kaufmann versuchte in einem ganzseitigen Artikel in der *Frankfurter Allgemeinen Zeitung* darzulegen, dass Papst Benedikts Sicht auf Kirche und Welt „von einem dualistischen Weltbild" inspiriert sei, also von einer schlichten Schwarz-Weiß-Sicht. Damit reproduziert er aber nur aus neuem Anlass ein altes, aber falsches Ratzinger-Klischee. Doch hätte ihm gerade die Geschichte des Entweltlichungsbegriffs seinen Irrtum klarmachen können. Immerhin weiß er, dass es der evangelische Theologe Rudolf Bultmann war, der diesen Begriff geprägt hat. Hätte er sich aber auch mit der Theologie Bultmanns näher befasst, hätte er verstanden, dass es kaum etwas Abwegigeres geben kann, als ausgerechnet ihm Dualismus vorzuhalten. War es doch Bultmann, der Stoa und Gnosis der Weltabwendung zieh und ihnen vorwarf, die Geschichtlichkeit des Menschen zu verkennen. Bultmann verstand „Entweltlichung" eben nicht als Weltflucht, sondern als Gott-Bezogenheit: Sie sei „Freiheit, die ständige Bereitschaft für das ist, was Gott im Schicksal fördert und schenkt". Franz-Xaver Kaufmann verkehrt also die Aussageabsicht der Papstrede in ihr Gegenteil. Wenn er dann richtig schreibt, dass es „keine Heilsgeschichte außerhalb der Weltgeschichte gibt", so nimmt er der Heilsgeschichte aber doch ihre Eigenart, wenn er sie nur noch unter der Perspektive der Weltgeschichte liest, die Kirche bloß noch als soziologisches Konstrukt sieht und die Welt ausschließlich in soziologischen Kategorien beschreibt. Wer auf diese Weise die Sichtweise der eigenen wissenschaftlichen Disziplin absolut setzt, gefährdet die Wissenschaftlichkeit seiner Aussagen und wird blind für ebenso gültige andere Perspektiven, denen sich andere Soziologen mit Interesse geöffnet haben. Durch seine verengte Sicht versteht Kaufmann nicht, was es heißt, dass die Jüngergemeinde „nicht von dieser Welt" sein soll und warum Paulus mahnt: „Gleicht euch nicht dieser Welt an" (Röm 12,2); er versteht nicht, was im Alten Testament der Exodus ist, der Auszug der Israeliten aus der Welt Ägyptens; und er versteht auch nicht, was im Neuen Testament die Kreuzesbotschaft bedeutet, in der alle – weltlichen – Hoffnungen untergehen, um sich ganz auf Gott zu verlassen. Der Theologe Johann Baptist Metz, kaum ein Gesinnungsgenosse Joseph Ratzingers, hat das besser verstanden, wenn er von der christlichen „Grundgestalt der gekreuzigten Hoffnung" sprach.

In einem Sammelband – Jürgen Erbacher (Hrsg.), *Entweltlichung der Kirche? Die Freiburger Rede des Papstes* – äußert sich auch Alois Glück, der Präsident des Zentralkomitees der Deutschen Katholiken, zu der Papstrede. Auch wenn sich Glück wirklich ernsthaft von der „unveränderlichen und bleibenden Botschaft Jesu Christi" leiten lassen will, verharrt sein Beitrag doch fast völlig in „weltlichen" Kategorien. Es geht vor allem um Ämter, Macht und Einfluss, um eine Klärung der „Innenverfassung ... bezüglich der Existenz der Kirche in einer offenen und pluralen Gesellschaft." Man könnte dazu die Ansprache von Kardinal Bergoglio vor seiner Wahl zum Papst zitieren, in der er vor einer „mondänen Kirche" warnte, „die in sich, von sich und für sich lebt", oder das Wort des Herrn: „Bei euch soll es nicht so sein." Auch an das Zentralkomitee der Deutschen Katholiken war die Entweltlichungsrede von Freiburg gerichtet, aber an seinem Präsidenten scheint sie bedauerlicherweise völlig vorbeigegangen zu sein.

Papst Benedikt hatte in seiner Freiburger Rede speziell die Caritas in den Blick genommen: „Allerdings haben sich auch die karitativen Werke der Kirche immer neu dem Anspruch einer angemessenen Entweltlichung zu stellen, sollen ihnen nicht angesichts der zunehmenden Entkirchlichung die Wurzeln vertrocknen." Dass ausgerechnet Peter Neher, der Präsident des Deutschen Caritasverbandes, der seinen Sitz in Freiburg hat und für Hunderttausende weltlicher Arbeitsplätze im kirchlichen Bereich steht, im gleichen Sammelband den Zentralbegriff „Entweltlichung" für „nicht hilfreich" hält, zeigt, dass er das Gefahrenpotenzial des päpstlichen Einspruchs erkannt hat. Wie er sich dann allerdings bemüht, sowohl die Freiburger Rede als auch die Enzyklika *Gott ist die Liebe* so umzudeuten, dass das alles ihm und seinem kriselnden Verband nichts Neues oder Richtungsweisendes zu sagen hat, das mutet fast tragisch an. Vielleicht versteht er das Anliegen des deutschen Papstes besser in der Übersetzung seines argentinischen Nachfolgers. Papst Franziskus hat gleich nach seinem Amtsantritt die Kirche gemahnt, ohne den ernsthaften Blick auf Christus und das Kreuz degeneriere sie zur „wohltätigen Nichtregierungsorganisation".

Winfried Kretschmann, der Ministerpräsident von Baden-Württemberg, kommt in seiner Stellungnahme über die Beschreibung eines wohlsituierten Christentums in unserer Gesellschaft nicht hinaus, das alle weitergehenden Ansprüche als Zumutung abweist.

Die „Gemeinsamkeit im Widerspruch" der vier zitierten Autoren liegt auf der Hand: Man verbittet sich in einer gut organisierten Kirche den Weckruf eines protestantischen Theologen und eines katholischen Papstes. Je weltlicher, je „mondäner" eine Kirche geworden ist, desto heftiger reagiert man auf die Zumutung der Entweltlichung. Doch so kann man den „Ruck" nicht mehr verhindern, der die Kirche zur Besinnung bringen muss. Denn auch Papst Franziskus hält an diesem Programm fest, und man gewinnt nicht den Eindruck, dass er sich zu schwach dafür fühlt. Daher ist zu hoffen, dass auch in Deutschland ein Umdenken eintritt und dass man die Chancen der Entweltlichung erkennt, wie Papst Benedikt XVI. sie beschrieben hat. Dieses Projekt tiefer zu verstehen und dadurch Missverständnisse zu überwinden, darum soll es nun gehen.

3. Kleine Sprachschule – Der Worte sind genug gewechselt!

Wie schwierig es ist, Worte richtig zu verstehen, davon weiß schon Goethes Faust, als er um die Übersetzung des Johannesevangeliums ringt:

> Geschrieben steht: „Im Anfang war das Wort!"
> Hier stock ich schon! wer hilft mir weiter fort?
> Ich kann das Wort so hoch unmöglich schätzen
> Ich muss es anders übersetzen,
> Wenn ich vom Geiste recht erleuchtet bin.
> Geschrieben steht: Im Anfang war der Sinn.
> Bedenke wohl die erste Zeile,
> Dass deine Feder sich nicht übereile!
> Ist es der Sinn, der alles wirkt und schafft?
> Es sollte stehn: Im Anfang war die Kraft!
> Doch auch indem ich dieses niederschreibe,
> Schon warnt mich was, dass ich dabei nicht bleibe.
> Mir hilft der Geist! auf einmal seh ich Rat
> Und schreibe getrost: Im Anfang war die Tat!

Schon der zentrale Begriff der Papstansprache – „Entweltlichung" – selbst rief vielerorts ein Stirnrunzeln hervor. Nicht einmal den gängigen „Wörterbüchern" der Textverarbeitungsprogramme war er geläufig. Wohl weckte er beim Hören ein vages Verständnis. Aber welchen Inhalt hatte der Redner wirklich im Sinn? Wissenssoziologen weisen darauf hin, dass die Bedeutung von Worten mit den „Sinnprovinzen" zu tun hat, in denen sie Verwendung finden. Dadurch kann es zu Missverständnissen kommen. Das Wort „Welt" heißt in der Alltagssprache etwas anderes als in der Sprache des christlichen Glaubens. In der Moderne und Postmoderne liefern vor allem die Wissenschaften vom Messbaren die Basis der Alltagssprache und des Bewusstseins von Welt. Doch es sind auch Soziologen, die feststellen, dass eine solche Auffassung der Wirklichkeit „verkürzt" sei. Herbert Marcuse nannte den modernen Menschen darum 1964 sogar „eindimensional". Er beklagte, dass modernes Daseinsverständnis nur noch das „Horizontale" wahrnimmt. Alle Wirklichkeit jenseits des „technokratischen Herrschaftswissens" sei irrelevant geworden. Doch der bedeutende amerikanische Religionssoziologe Thomas Luckmann besteht entgegen der Behauptung vom Verschwinden der Religion darauf, dass die Dimension des Religiösen sich nicht auslöschen lässt. Das Transzendieren der biologischen Natur sei ein universales menschliches Phänomen. Ob er will oder nicht, der Mensch findet in sich die Fähigkeit vor, Religion zu verstehen, den „heiligen Kosmos", wie die Wissenssoziologie das nennt. „Der heilige Kosmos leitet den gesamten Sozialisierungsvorgang (des Menschen) unmittelbar und nimmt auf den ganzen weiteren Lebenslauf Einfluss" (Luckmann). Freilich kann niemand übersehen, dass vielen modernen und postmodernen Menschen ein „heiliger Kosmos" offenbar nicht mehr bewusst ist und gegenüber dem

Bewusstsein der biologischen Natur zurücktritt. Kein Wunder also, dass von manchen der Ausdruck „Welt" und folglich auch „Entweltlichung" in seinem religiösen Sinngehalt nicht mehr verstanden wird. Im katholischen Gesangbuch *Gotteslob* von 1975 sieht man sich daher gezwungen, bei der Strophe des Liedes von Angelus Silesius aus dem Jahre 1668: „Mir nach‘, spricht Christus, unser Held … ‚Verleugnet euch, verlasst die Welt, folgt meinem Ruf und Schalle‘" groben Missverständnissen vorzubeugen, indem man in einer Anmerkung erklärt: „Welt‘ (…) wird vom Dichter hier als Inbegriff des Gottwidrigen verstanden (1. Johannesbrief 2,15–17). Fern davon, Weltflucht zu predigen, ruft sein Lied gerade zur Bewährung der Nachfolge Jesu in der Welt auf." Nicht nur „Welt", auch Worte wie „Liebe", „Befreiung", „Selbstbestimmung", „Erlösung", „Gehorsam" oder „Leid" wecken ja sehr unterschiedliche Vorstellungen, je nachdem, ob sie der Sinnprovinz der „biologischen Natur" oder der des „heiligen Kosmos" zugehören. Oder sie haben vor dem Ausschließlichkeitsanspruch des Diesseits schon allen Tiefgang verloren.

Diese Spannung – vielleicht sogar: dieser Gegensatz –, hervorgerufen durch den jeweils unterschiedlichen Zusammenhang, in dem solche Worte stehen, treibt wache Geister zu tieferem Nachdenken. Sie macht die Frage nach dem Zueinander der beiden Bereiche „Diesseits" und „Jenseits" für manche Denker zu einem der Grundprobleme ihres Forschens. Einige Philosophen unserer Tage sind diesem Kontrast mit großem Scharfsinn nachgegangen. Sie wollten das Zueinander von natürlich Greifbarem und religiös Erspürtem besser verstehen. Ihr eindrucksvolles Ringen darum, der „Welt" für das Denken und Handeln von Mensch und Gesellschaft den ihr zukommenden Rang und Ort zu geben, kann dazu beitragen, „Entweltlichung" besser zu verstehen.

II. Entweltlichung als Ereignis – Im Anfang war der Sinn

Was Welt ist und was Entweltlichung, darüber können drei moderne Denker Auskunft geben, die aus der jüdisch-christlichen Tradition schöpfen, in der sie auch persönlich gelebt haben bzw. leben. Alle drei kennen das komplexe Zueinander von Alltagssprache und religiöser Sprache in der Moderne und können uns daher vor simplen Missverständnissen dieser Begriffe schützen.

1. Simone Weil – Entweltlichung bis zum Tod

Sie war eine große Gestalt im Frankreich des 20. Jahrhunderts. Noch heute faszinieren bei Simone Weil (1909–1943) die Authentizität und Radikalität, mit denen sie ihr Leben und ihr Denken in Übereinstimmung brachte. Uns interessiert sie hier vor allem deswegen, weil sie zeitlebens von der Spannung zwischen Diesseits und Jenseits geprägt wurde und ihre Erfahrung aufmerksam darstellte. Sie bedient sich zwar für diese Fragestellung einer sehr speziellen Terminologie. Dennoch werfen ihre Einsichten viel Licht auf unser Thema.

Schon als Schülerin zeigte Simone, Tochter eines jüdischen Physikers aus wohlhabendem Hause, eine hohe intellektuelle Begabung. Sie bestand glänzend ihr Examen an der Elite-Hochschule École Normale Supérieure in Paris. Danach unterrichtete sie an verschiedenen höheren Lehranstalten und nahm auch bald am politischen Leben teil. Mit Eifer vertrat sie revolutionäre Überzeugungen und ließ sich durch Disziplinarmaßnahmen der Behörden nicht einschüchtern. Sie wurde aus dem Schuldienst entlassen und kämpfte in den Reihen der äußersten

Linken. Ohne sich irgendeiner Partei anzuschließen, wollte sie den Schwachen und Unterdrückten zu ihrem Recht verhelfen. Um das Los der Armen zu teilen, ließ sie sich als Fräserin bei den Renault-Werken einstellen und nahm ein Zimmer im Arbeiterviertel. Eine Brustfellentzündung machte dem Selbstversuch ein Ende. Als der Bürgerkrieg in Spanien ausbrach, schloss sie sich den Reihen der Roten an, lieferte jedoch keinen Beitrag zum militärischen Kampf und musste schließlich wegen eines Unfalls nach Frankreich zurückkehren.

Als Jüdin floh sie 1942 zunächst nach Amerika und kehrte ein Jahr später nach Europa zurück. Bald arbeitete sie in London in einer politischen Dienststelle des späteren französischen Außenministers Robert Schuman. Ihrer dringenden Bitte, im besetzten Frankreich die Résistance unterstützen zu dürfen, konnte nicht zugestimmt werden, da sie als Jüdin besonders gefährdet war. Um aber nicht aus der Schicksalsgemeinschaft mit ihren Landsleuten auszuscheren, wählte sie freiwillig die diesen auferlegten Entbehrungen und nahm nicht mehr Nahrung zu sich, als den Franzosen jenseits des Kanals gewährt wurde. Diese Diät zerrüttete ihre Gesundheit völlig. Während des Krankenhausaufenthalts lehnte sie jegliche Privilegien ab und starb am 24. August 1943 im Alter von nur 34 Jahren.

Der Lebensweg der Simone Weil straft jeden Lügen, der ihr Berührungsängste mit der Welt nachsagen wollte. Sie nicht vor den Härten des Daseins geflohen, sondern hat seine Herausforderungen immer wieder angenommen, ja geradezu gesucht und war in der Radikalität, in der sie leben wollte, geradezu unbelehrbar. Um des Menschen willen wurde die Welt für sie der Stoff, in den sie eintauchte und dessen Tiefen und Höhen sie abmaß. Für den Umgang mit der „Welt" gibt sie uns eine erste Antwort aus jüdisch-christlichem Geist, die freilich in ihrer Entschiedenheit manche modernen Welt-Enthusiasten eher verstören dürfte. In Aphorismen wie den folgenden drückt sie ihre Sicht unserer Welt-Verfallenheit aus – mit der sie sich freilich nicht abfindet. (Die Zitate sind entnommen: Simone Weil, *Schwerkraft und Gnade*, München 1952.)

> Das Zentralgesetz dieser Welt, aus der sich Gott durch seine Schöpfung selbst zurückgezogen hat, ist das Gesetz der Schwerkraft, das sich analog in allen Schichten der Existenz findet. Die Schwerkraft ist die „Dei-fugal"-Kraft par excellence. Sie treibt jedes Geschöpf, nach allem zu streben, was seiner Erhaltung und seinem Wachstum dient, und nach dem Wort des Thukydides, alle Macht auszuüben, die ihm zu Gebote steht. Im Bereich des Seelischen findet sie ihren Ausdruck in jenen Trieben der Selbstbehauptung und Selbstwiederherstellung, die allen unterschwelligen Ausflüchten (innere Lüge, Flucht in den Traum und die falschen Ideale, eingebildete Übergriffe auf die Vergangenheit oder Zukunft usw.) zugrunde liegen, deren wir uns bedienen, um unsere wankende Existenz von innen her zu festigen, das heißt, um außerhalb Gottes und im Widersatz zu ihm zu verharren.

> Alle natürlichen Bewegungen der Seele sind Gesetzen unterworfen, die denen der stofflichen Schwerkraft entsprechen. Ausnahmen macht allein die Gnade.

Doch sind wir nicht zur Mutlosigkeit verurteilt:

> Diese Welt ist die verschlossene Türe. Sie ist eine Schranke. Und zugleich ist sie der Durchgang.

Es gibt eine Antwort:

> Gegenwart Gottes. Das muss auf zweierlei Art verstanden werden. In seiner Eigenschaft als Schöpfer ist Gott gegenwärtig in jedem Daseienden, sobald es ins Dasein tritt. Die Gegenwart jedoch, zu welcher Gott der Mitwirkung des Geschöpfes bedarf, ist die Gegenwart Gottes, nicht insofern er der Schöpfer ist, sondern insofern er der Geist ist. Die erste Gegenwart ist die Gegenwart der Erschaffung. Die zweite ist die Gegenwart der Ent-schaffung („Dé-création").

Aufmerksamkeit lehrt uns, mehr zu sehen als den Augenschein:

> Lesarten, die sich überlagern: hinter der sinnlichen Wahrnehmung die Notwendigkeit lesen, hinter der Notwendigkeit die Ordnung, hinter der Ordnung Gott lesen.

In ihrer Radikalität geht sie über alle Grenzen. Für Simone Weil ist die Wahrheit im Geist, das Fleisch ist Irrtum und Übel. So kommt sie zu einer scharfen Verurteilung der Macht, der Ehe und unseres Menschseins: „Macht ergreifen über, heißt besudeln. – Die Ehe ist eine sanktionierte Schändung. – Wenn wir in der Sünde geboren werden, stellt die Geburt offensichtlich eine Sünde dar" (in: Pierre Blanchard, *Heiligkeit – heute?*, Freiburg 1956). Wer nach den geistesgeschichtlichen Wurzeln der heroischen Französin fragt, findet sie bei Platon und im Manichäismus, der den Geist (Licht und Gutes) der Materie (Finsternis und Böses) dualistisch entgegenstellte. Dass sich dieser hoch sensiblen Frau in ihrer beeindruckenden Gottsuche der Zugang zur Kirche nicht erschloss, erstaunt darum nicht.

Dennoch darf man ihren Heroismus und die gewinnende Authentizität ihres Lebensweges nicht müde belächeln. Wer unserer weltverliebten Zeitgenossen hätte sein Leben so wie sie ausgegossen für die Welt: die der Arbeit, der sozialen Gerechtigkeit, der Solidarität mit allen Geschöpfen? Wer reichte in der Welt-Liebe an ihr Zeugnis heran? Sie wollte die Welt – die sie jedoch nie verabsolutierte. Gerade darum ist ihre Sicht auf das Zueinander von Diesseits und Jenseits so spannend. Selbst in der irrigen Ablehnung der weltlichen Schwerkraft gibt sie einen Hinweis für alle, die das Verhältnis von „Welt" und „Weltentsagung" reflektieren. Die Verlockung durch die Welt ist kein Ammenmärchen, sondern eine immer lauernde Angel, die uns dem Wasser des Lebens zu entwinden trachtet.

Bezeichnend ist, dass Papst Benedikt XVI. in der ersten Ansprache nach seiner Rücktrittsankündigung in der Generalaudienz am Aschermittwoch, dem 13. Februar 2013, als Beispiele für Menschen, die zu Gott umkehrten, auf ganz ähnliche Charaktere hinweist: auf die holländische Jüdin Etty Hillesum, die in ihrer existenziellen Radikalität eine Schwester im Geiste von Simone Weil hätte sein können und mit nur 29 Jahren im KZ ermordet wurde, auf die amerikanische Frauenrechtlerin und Pazifistin Dorothy Day, die sich wie Simone Weil auf die Seite der Arbeiter stellte, zeitlebens politisch engagiert blieb und noch mit 76 Jahren deswegen ins Gefängnis ging, die aber von einer ausschließlich weltlichen Sicht der Welt zu einer geistlichen Sicht gelangte und daraus dann die Kraft für ihr Engagement mitten in dieser Welt schöpfte, und schließlich auf den russisch-orthodoxen Priester Pawel Florenskij, der aus der Welt der Wissenschaft in einem atheistischen Staat zu Gott fand und noch im stalinistischen Gulag ein beeindruckendes Zeugnis seines Glaubens gab.

Der fromme und weise Dichter Angelus Silesius († 1677) sagt in seinem Buch *Cherubinischer Wandersmann:*

> Mensch, was du liebst, in das wirst du verwandelt werden:
> Gott wirst du, liebst du Gott – und Erde, liebst du Erden.

2. Charles Taylor – Gottesdämmerung

Flucht aus der „Welt" in Gott hinein – die Denkbewegung von Simone Weil – ist weder der Trend noch die Versuchung unserer Tage. Im Gegenteil: Wir haben uns „zur Welt bekehrt" (Hans Urs von Balthasar) und erleben eine umfassende „Gottesdämmerung". Schon ist aller Sinn für Jenseitiges bedroht, und die spontane Wahrnehmung unseres Daseins verkürzt sich auf irgendwelche messbare Daten.

Von dem viel zitierten portugiesischen Dichter Fernando Pessoa († 1935), der sich bei seiner „Welt-Sicht" für einen flachen Naturalismus entschieden hat, ist folgender bezeichnender Aphorismus überliefert:

> Der Mond, durch die hohen Zweige schimmernd,
> sagen die Dichter alle, sei mehr
> als der Mond, durch die hohen Zweige schimmernd.
> Mir aber, der sich nicht vorstellen kann,
> was der Mond, durch die hohen Zweige schimmernd,
> anders sein könnte
> als der Mond, durch die hohen Zweige schimmernd,
> ist er wirklich nicht mehr
> als der Mond, durch die hohen Zweige schimmernd.

„Entweltlichung" muss gegenüber Pessoas Deutung des Daseins zu einem Kampfwort, ja zu einer unerträglichen Bedro-

hung werden. Sie weckt den Verdacht, man verachte in plato-
nisch- manichäischer Befangenheit alles Irdische. Der Begriff
„Entweltlichung" scheint dann nicht nur die vertraute eigene
Weltsicht zu verwerfen, sondern auch das Fundament eines solchen Selbstverständnisses zu zerstören; denn allein empirischer
Materialismus bietet ja hier die Kategorien, sich in dieser Welt
zurechtzufinden. Wohl werden sich nicht alle Zeitgenossen
Pessoas pointierte Absage an alle Transzendenz zueigen
machen. Dennoch artikuliert dieser Aphorismus ein verbreite-
tes Gefühl. Wie plausibel ist eine Welt, in der es nur die Welt
gibt?

Die Forschungen des vielfach ausgezeichneten kanadischen
Philosophen und Soziologen Charles Taylor widmen sich dem
Beitrag der Religion für die Postmoderne. Zuletzt hat er in der
Untersuchung *Ein säkulares Zeitalter* (Berlin 2010) eine stu-
pende Zeitanalyse vorgelegt. Der Autor rekonstruiert hier, wie
Gott seinen festen Platz im naturwissenschaftlich verstandenen
Kosmos, im gesellschaftlichen Gefüge und im Alltag des Menschen verlor, sodass der Glaube heute – jedenfalls in vielen
Ländern der westlichen Welt – nur noch eine Option unter vielen ist. Dabei wird die Verarmung einsichtig, die der Verzicht
auf die Religion und das Evangelium über den modernen Menschen gebracht hat. Taylor geht aus von der „Erfahrung der
Fülle", die Menschen in irgendeiner Tätigkeit oder in irgendeinem Zustand geschenkt wird und die wir als Reichtum wahrnehmen. Das Leben erscheint in solchen Momenten voller, tiefer, bewundernswerter und in höherem Maße als das, was wir
von ihm erhoffen. Ein solcher „Ort der Fülle" – als Tätigkeit
oder als Zustand – kann auch einen nicht-gläubigen Menschen,
dem dieses Leben als völlig befriedigend erschien, spüren lassen, dass auch er in sich eine Sehnsucht nach etwas Transzen-

dentem trägt. So mag er entdecken, dass noch „ein Stück seines Weges" vor ihm liegt. Mit dem Verlust der „Religion" sei vielen Menschen die Antenne für die Transzendenz abhandengekommen: „Wir haben nämlich eine Welt verlassen, in der außer Frage stand, dass der Ort der Fülle außerhalb oder ‚jenseits' des menschlichen Lebens liegt, und ein konfliktreiches Zeitalter betreten, in dem dieser Deutung von anderen Deutungen widersprochen wird, die diesen Ort ‚ins Innere' des menschliche Lebens verlagern". So sind wir heute weltanschaulich „erdverwachsen". Wie die physikalische Schwerkraft die Erde, so beherrscht diese „Schwerkraft" unsere ganze Welt.

Schon Wilhelm Busch († 1908) hat es auf seine Weise in Verse gebracht:

> So ist's in alter Zeit gewesen,
> So ist es, fürcht' ich, auch noch heut.
> Wer nicht besonders auserlesen,
> Dem macht die Tugend Schwierigkeit.

> Aufsteigend musst du dich bemühen,
> Doch ohne Mühe sinkest du.
> Der liebe Gott muss immer ziehen,
> Dem Teufel fällt's von selber zu.

Eine Zeit lang sei es dem Christentum zwar gelungen, schreibt Taylor, den Schritt zur Ablösung des religiösen Lebens von physischen Formen des Rituals, der Verehrung und der Praxis zu verzögern und eine Verankerung transzendenter Wahrheiten im Raum des Diesseits zu betreiben. In Auseinandersetzung mit dieser Entwicklung sei schlussendlich dann aber nur erreicht worden, dass „die Religion schließlich immer mehr ‚im Kopf'" wohnte. Taylor nennt diesen Vorgang „Exkarnation": „Bei den Protestanten wurde das zentrale Ritual der

Messe abgeschafft … In der katholischen Kirche wurde der Einsatz von Musik, Tanz und Schauspiel mit unterschiedlicher Strenge beschnitten." Die Lebensäußerungen und die Wahrnehmung seien auf das Rationale verkürzt worden. Die Wirklichkeit erscheint demzufolge „eindimensional". Hinweise auf Jenseitiges gelingen nicht mehr, weil das Bewusstsein für einen „heiligen Kosmos" (Thomas Luckmann) vielfach erloschen ist. Die Verschattung des Religiösen im modernen Daseinsverständnis verwehrt die Möglichkeit eines Verweises auf das Jenseits. Denn auch wenn unsere Alltagswelt noch „Signalelemente" (Heinz Schürmann) aufweist, die auf Transzendentes zielen, so fehlt ihnen das jenseitige Beziehungsfeld, wo sie anknüpfen könnten, und damit die Relevanz.

Der Dichter und Satiriker Heinrich Heine († 1856), der am Ende seines Lebens wieder zum Glauben an Gott fand, goss das neue Lebensgefühl in die Verse:

Ein neues Lied, ein besseres Lied,
O Freunde, will ich euch dichten!
Wir wollen hier auf Erden schon
Das Himmelreich errichten.

Wir wollen auf Erden glücklich sein,
Und wollen nicht mehr darben;
Verschlemmen soll nicht der faule Bauch,
Was fleißige Hände erwarben.

Es wächst hienieden Brot genug
Für alle Menschenkinder,
Auch Rosen und Myrten, Schönheit und Lust,
Und Zuckererbsen nicht minder.

Ja, Zuckererbsen für jedermann,
Sobald die Schoten platzen!

Den Himmel überlassen wir
Den Engeln und den Spatzen.

Der Oberflächliche mag sich mit solcher „Eindimensionalität"
zufrieden geben – erleichtert sie doch kurzfristig das Leben und
macht es übersichtlicher. Doch ein Leben ohne die „Erfahrung
der Fülle" hinterlässt keine Zufriedenheit. Peter Rühmkorf
reimte noch jüngst:

Ich frage mich nur, was lässt mich
So krampfhaft mit Engeln ringen?
Die Geister sind auch gewerkschaftlich
Nicht zum Schweigen zu bringen.

Doch Charles Taylor sieht das menschliche Dasein nicht auf
das Greif- und Messbare beschränkt, und nach seiner Auffassung gibt es Beispiele dafür, dass sich im Leben von Menschen
die Möglichkeit eines angstfreien Schrittes zur Fülle gezeigt
hat. Der Autor nennt unter anderen Franziskus und Domini-
kus, John Wesley und Martin Luther, Teresa von Ávila und
Ignatius von Loyola, Roger Schutz und Mutter Teresa. An
ihnen lasse sich ein „strukturelles Merkmal" der Fülle ablesen:
dass jemand „das Gefühl hat, aus einem engen Rahmen in ein
weites Feld auszubrechen, das die Dinge auf andere Weise zu
deuten erlaubt".

Für das Gefühl, „in der säkularisierten Welt von heute ein-
geengt und eingeschlossen zu sein", benutzt Taylor einen
Begriff des deutschen Philosophen Josef Pieper: Der hatte von
einer „Kuppel" gesprochen, die als hemmender Riegel den
Zugang zur Transzendenz behindere. Nach Josef Pieper isoliert
uns die „Zweckverkettung" von allem „Jenseitigen". Das
Durchstoßen dieser Kuppel, also Offenheit für die Transzendenz, erreiche man mit der Fähigkeit zu staunen, mit dem

Musischen, mit der Erschütterung durch Tod und Liebe – mit all dem, was in einer werktäglichen Welt von Nutzen und Zweckdienlichkeit keinen Ort habe. Da ist sie wieder, die Gefahr, der Welt ganz zu verfallen. Und Pieper, den Joseph Ratzinger gut kannte, geht noch weiter. Er warnt davor, dass solcher Utilitarismus das Engagement für Glauben und Kirche selbst befallen könne. Es gebe sogar „eine Weise zu beten, durch welche eben ‚diese' Welt nicht transzendiert wird, durch welche vielmehr der Versuch gemacht wird, das Göttliche in die Zweckverkettung des Werktags als funktionierenden Bestandteil einzubeziehen". Religion kann demnach offenbar in administrative Effizienz verkehrt werden, in die „geistliche Mondänität", vor der Papst Franziskus (mit Bezugnahme auf Henri de Lubac) warnte als dem schlimmsten Übel, das der Kirche zustoßen könne, und gegen die Papst Benedikt XVI. zur Entweltlichung aufruft.

3. Ausgerechnet Bultmann! – Eine ökumenische Überraschung

Der Begriff „Entweltlichung" ist dem Vokabular von Joseph Ratzinger grundsätzlich nicht fremd. Er benutzt ihn auch negativ, wenn er eine Entweltlichung etwa in seinem Buch *Ein neues Lied für den Herrn* (1995) für den Gottesdienst ablehnt und sich stattdessen auch alttestamentliche Elemente wünscht. Die Sprengkraft, die sein Begriffsgebrauch in unseren Tagen gezeigt hat, rührt jedoch nicht aus einer eher beiläufigen Verwendung her: Benedikt XVI. hat diesen Ausdruck in seiner Freiburger Rede gezielt eingesetzt.

Zuerst finden wir den Begriff bei dem bekannten protestantischen Exegeten Rudolf Bultmann. Theologisch trennt

Bultmann und Ratzinger freilich eine tiefe Kluft, und das nicht allein aus konfessionellen Gründen. Die fundamentale Diskrepanz besteht dabei vor allem im unterschiedlichen Offenbarungsverständnis beider Theologen. Der eine, Bultmann, liest die Heilige Schrift vorrangig als Beitrag zum Verstehen der Wirklichkeit des Menschen, der andere, Ratzinger, vor allem als Gottes Selbstmitteilung, die unser Sein und unseren Lebensweg erhellt. Bultmanns Vernachlässigung der alttestamentlichen Offenbarung steht gleichfalls quer zur Theologie Benedikts XVI., vor allem aber die Tatsache, dass der große protestantische Theologe lediglich das „Dass" der Verkündigung Jesu Christi heraushebt, die Relevanz der konkreten Person Jesu von Nazareth jedoch unbeachtet lässt. Die wiederum ist für Papst Benedikt entscheidend, wie er in seiner Jesus-Trilogie deutlich gemacht hat. Schließlich widerspricht auch Bultmanns Abwertung des Schönen ganz der theologischen Grundmelodie Joseph Ratzingers. Doch auch Bultmann wird bedrängt von der Erfahrung, dass sich beim Menschen die Wahrnehmung der Transzendenz immer mehr verflüchtigt. Und so zeigt sich unvermittelt eine unerwartete Nähe zwischen den beiden großen Theologen. Beide knüpfen sie für ihre theologischen Aussagen mit großem Scharfsinn bei Gottes Wort an und wahren dessen Offenbarungsanspruch. Und so behalten sie beim Nachdenken über „Welt" und „Weltlichkeit" den Horizont von Gottes Wort stets im Blick.

Für die Erläuterung von Bultmanns Begriffsgebrauch ist vor allem die gediegene Promotion von Bernhard Dieckmann *„Welt" und „Entweltlichung" in der Theologie Rudolf Bultmanns* (Paderborn 1977) meine Quelle, auf die sich die folgenden Zitate beziehen. Ein Fixpunkt von Rudolf Bultmanns Theologie ist ein tiefer Glaube an „die Wirklichkeit Gott". Auf ihn weiß er sich persönlich bezogen; in ihm ist sein Denken und Forschen verankert. „Die Theologie ist nichts anderes als die wissenschaftliche Selbstbesinnung über die eigene Existenz als die durch Gott bestimmte; sie ist also die wissenschaftliche Entfaltung dessen, was im einfachen Glauben schon da ist." Seinen Weg zu Gott hat der Mensch in einer doppelten Wirklichkeitsbeziehung zu gehen – der des „weltlich Sichtbaren" (wissenssoziologisch: das „biologisch Natürliche") und der des „unverfügbar Geschichtlichen" (des „heiligen Kosmos"). Dabei wird bald klar: Die Kategorien des weltlich Sichtbaren sind nicht verlässlich. Bultmann hält die Existenz des Menschen nicht für gesichert. „Menschliches In-der-Welt-sein ist zweideutig. Die Welt ist der Raum menschlichen Arbeitens und Handelns, und aus ihr erleidet der Mensch Schicksal und Tod. Aber die Welt ist nicht seine Heimat, wenn er sich auch nicht aus ihr zurückziehen kann. Als Existenz unterscheidet sich der Mensch radikal von der Welt … So bestimmt eine unaufhebbare Zwiespältigkeit die menschliche Weltstellung."

„Rätselhaft und unheimlich sind die Gewalten der Natur und des Schicksals, die dem Menschen bald Segen spenden, bald Verderben bringen, die sein Werk bald fördern, bald vernichten." Und hier lauere die entscheidende Gefährdung für uns. Der Mensch reagiere, indem er sich selbstmächtig eine eigene Welt zu schaffen versuche, eine Welt, die geprägt sei von der Übermacht des Organisierten und einem Wohlfahrtsstaat, der zu einem Versorgungsinstitut mutiert sei. Damit sei aber zugleich das Verantwortungsbewusstsein des Einzelnen zerfallen. Solche Prozesse der Unterordnung des Individuums hätten nicht nur die Freiheit beschnitten, sondern gefährdeten auch unsere Menschlichkeit: Vertrauen zerbreche und höre auf, „das Band zwischen Mensch und Mensch zu sein." Und so will sich jeder das Leben selbst sichern, sieht sich als alleiniger Herr über sich selbst und sucht Lebenssteigerung. Fern von Gott und ohne göttliche Gnade bleibt ihm nur die Welt. „Der natürliche Mensch ist durch die Welt normiert." Dieser Welt bedient er sich, „indem er ‚durch Genuss des Irdischen und durch eigene Kraft und Leistung das Leben' beschafft … Damit wird die Sphäre des Sichtbaren für den natürlichen Menschen zum Absoluten; er hält die Welt für in sich gerundet und geschlossen. Und indem sie ihm genügt und er keine Grenzen ihrer kennt, genügt der natürliche Mensch sich selbst und erkennt keine Grenzen seiner selbst an."

Mit Entschiedenheit richtet Bultmann sich gegen ein solches Menschen- und Weltverständnis. Und es ist die Bibel, vor allem sind es die johanneischen Texte, auf die er sich dafür beruft. So zitiert er aus dem 1. Johannesbrief: „Liebt nicht die Welt und was in der Welt ist. Wer die Welt liebt, hat die Liebe zum Vater nicht" (1 Joh 2,15). Nicht zuletzt lenken ihn die Abschiedsreden Jesu im Johannes-Evangelium. Doch die immer wieder formulierte Distanz zur Welt verleitet ihn nicht zu einer weltverachtenden gnostischen Sicht des Christentums. War für die Gnosis die Welt ein Gefängnis, in das sich der Mensch geworfen wusste – ohne alles Verschulden und vor aller Wahl –, so ist für das Evangelium das In-der-Welt-Sein nicht mehr blindes Geschick. Die Offenbarung zeigt vielmehr den Weg, sündiger Weltverfallenheit zu entkommen. Nicht die Welt, in die der Mensch hineingeboren wird, ist böse, sondern sein ungeordneter Umgang mit ihr und sein sündiges Begehren.

So ist denn niemand der Weltverfallenheit ohnmächtig ausgeliefert. Wohl gerät der Mensch angesichts der Offenbarung in eine Krise. Doch diese stellt ihn „in die Spannung zwischen Verwerfung im Gericht und Bejahung in der Gnade … In diesem Geschehen schenkt die Offenbarung eine Freiheit, die Geschenk ist, weil sie Vergebung der Sünden ist. Die christliche Freiheit ist zuerst Freiheit *von*: Der Mensch wird von der Sünde, von der Welt und ihren Mächten, dem Fleisch, der Sorge, der Angst, dem Leiden, dem Tod, von der Vergangenheit, von sich selbst befreit … Das Ende der Weltlichkeit ist erreicht … Der Sinn der Freiheit, die die Offenbarung schenkt, ist ‚Entweltlichung‘ … Der Sinn der Entweltlichung als Freiheit von der Welt ist die Freiheit für die Zukunft. Der Glaubende ist bereit, seine Eigentlichkeit von Gott, dessen Transzendenz seine Zukünftigkeit ist, zu empfangen.“

Bultmann war klar, dass seine Darstellung des Heilsgeschehens als eine Verteidigung der Gnosis missdeutet werden könnte. Darum weist er gnostisches Gedankengut mehrfach zurück. Die von der Gnosis proklamierte Freiheit sei nicht annehmbar, weil sie Weltabwendung fordere. Das Christentum aber verbiete die Verwerfung der Welt. Die Offenbarung befreie den Menschen lediglich von seinem alten Selbstverständnis, das die Welt verabsolutiert habe. „Jedoch ist diese ‚Weltflucht‘ nicht Flucht vor den konkreten Aufgaben, sondern gewissenmaßen ‚nur‘ Flucht vor dem eigenen Weltsein.“ Die Weltzuwendung dürfe allerdings nie seine Weltabwendung aufheben. Das Verhältnis von Weltzuwendung und Weltabwendung sei nicht das eines goldenen Mittelweges, der beide Bewegungen wohl dosiere. „Die Weltzuwendung, in der der Mensch seine konkreten Aufgaben ergreift, steht im Dienst der Weltabwendung; sie ist Form der ‚Entweltlichung‘“. Mit drei Formulierungen charakterisiert Bultmann das „dialektische“ Weltverhältnis des Christen: „haben, als hätte man nicht“, „innere Distanz zur Welt“, „Sein und Wirken in der Welt“. Die Entweltlichung zeigt sich in der Weise, wie der Christ in der Welt lebt.

Im Lichte der Theologie des protestantischen Exegeten Rudolf Bultmann wird die Papstrede von Freiburg geradezu zum ökumenischen Ereignis, zur Herausforderung an alle Christen. Dieser Theologie verdankt der Papst aber nicht nur das Wort „Entweltlichung", er verdankt ihr auch den Schutz vor platten Missverständnissen.

Auf dem Weg von der tiefen existenziellen Welt-Erfahrung bei Simone Weil über das Welt-Verständnis von Charles Taylor sind wir bei dem Begriff Entweltlichung angekommen, wie Rudolf Bultmann ihn als christlicher Theologe entwickelt hat. Im Lichte des Christentums aber wird aus der „biologischen Natur" „Schöpfung", die nicht länger selbst göttlich ist, sondern die von Gott selbst dem Zugriff des Menschen freigegeben wurde. An die Stelle des gesichtslosen „heiligen Kosmos", dessen blindes Walten den Menschen oft unerklärlich bedrohte und quälte, tritt für den Christen nun das Antlitz des liebenden Vaters, der uns dauerndes Heil zusagt – sogar um den Preis der Hinrichtung seines Sohnes. Allerdings bleiben auch im Licht des Wortes Gottes „Diesseits-Welt" und „Jenseits-Welt" trotz gegenseitiger Überlappung und Abhängigkeit klar auseinanderzuhalten. Christen stehen also mitten im Spannungsfeld zwischen beiden. Welch reiche geistliche Früchte sich aus dieser Spannung ergeben, das kann man im Folgenden bei zwei großen katholischen Theologen erfahren.

III. Sich selbst entweltlichen – Im Anfang war die Kraft

Viele Verdächtigungen, die die Rede Benedikts XVI. auslöste, gehen auf das Konto einer zu raschen und oberflächlichen Einordnung von Nachrichten. Mitunter ging es wohl auch nur darum, ohne nähere Kenntnis des Papsttextes längst vorhandene Ressentiments geschwind auf den Markt zu bringen. Eine „dualistische Weltsicht" oder gar „Weltflucht" ist dieser Papstansprache völlig fremd, denn sie ist ein zutiefst christlicher Text. Und wenigstens die Gebildeten unter den Verächtern des Christentums dürften wissen, dass leibfeindlicher Manichäismus und idealistischer Neuplatonismus die großen Gegner des frühen Christentums waren. Gerade die Heilsgeschichte bezeugt, dass Gott „der Erde treu" ist. Jedenfalls lassen die christlichen Theologen an diesem Bekenntnis keinen Zweifel.

1. Ein begnadeter Theologe – Karl Rahner stellt das Licht auf den Leuchter

Karl Rahner ist einer ihrer gewinnendsten Repräsentanten. Wenige Verweise auf ihn genügen, um die engagierte Weltbejahung des christlichen Glaubens zu zeigen und um das Verhältnis zwischen Welt und Entweltlichung ins rechte Licht zu rücken. 1500 Jahre nach Abschluss des Konzils von Chalkedon verfasste Rahner einen Aufsatz mit dem Titel *Chalkedon – Anfang oder Ende?*, auf den ich mich hier zunächst beziehe und durch den er Kirche und Theologie einen neuen Impuls zum Durchdenken der lange vorher dogmatisierten Wahrheit gab, dass Jesus Christus „wahrhaft Gott und wahrhaft Mensch aus vernunftbegabter Seele und Leib ist". In der Menschwerdung des ewigen

Sohnes „als geheimes, von vornherein von Gott geplantes Ziel des göttlichen Wirkens in der Schöpfung" liegt Rahner zufolge der ganze Sinn des Kosmos und seiner Entstehung. Dabei sei festzuhalten, dass in der Welt alles auf jeden bezogen sei. Darum nehme, wer immer ein Stück dieser Welt zu seiner eigenen Geschichte mache, die Welt als seine eigene Umwelt an. „Es ist von daher nicht phantastisch, wenn man die ‚Entwicklung' der Welt auf Christus hin konzipiert und den stufenweisen Aufstieg in ihm gipfeln lässt." Karl Rahner fragt sich dann, ob man nicht die Heilsgeschichte als fortschreitende geschichtliche Inbesitznahme der Welt durch Gott verstehen könne. Denn in Christus sei nicht nur die zweite göttliche Person als Mensch auf Erden erschienen. Er habe vielmehr „eine menschliche Geschichte angenommen. Diese aber ist nach vor- und rückwärts ein Teil einer ganzen Welt- und Menschheitsgeschichte, und zwar ihre Fülle und ihr Ende."

Die christliche Sicht der Heilsgeschichte könne also die Welt nicht zum leidigen vorübergehenden Aufenthaltsort des Mensch gewordenen Sohnes Gottes verkürzen – sozusagen als das Exil oder den Warteraum, der niemanden innerlich berührt. Noch weniger sei sie hindernder Ballast. Der Mensch sei vielmehr dazu da, um sie aktiv zu gestalten auf den Anbruch der universalen Gottesherrschaft hin, wie es der Apostel Paulus lehrt: „Wenn ihm aber alles unterworfen worden ist, dann wird sich auch der Sohn selbst dem unterwerfen, der ihm alles unterworfen hat, damit Gott alles in allem sei" (1 Kor 15,28).

Ganz logisch ist es dann, dass für Rahner Christi Heilswerk an die geschöpfliche Realität anknüpft. Er hat diese theologische Wahrheit in einem anderen großen Aufsatz untersucht, dem er den bezeichnenden Titel gegeben hat: *Erlösungswirklichkeit in der Schöpfungswirklichkeit*. Die „Welt" – so ist schon im

Titel des Aufsatzes unmittelbar zu erkennen – ist nach Rahner nicht nur Ort, sondern Instrument allen irdischen Heils. Freilich fallen dennoch „Schöpfungswirklichkeit" und „Erlösungswirklichkeit" keineswegs zusammen; sie stehen aber in unaufhebbarer Wechselwirkung. Und weil die Menschwerdung Christi die höchste der Taten Gottes „ins Andere" ist, sind alle Wirklichkeiten – wie die Natur und das bloß Materielle – wesentlich auf diese Tat bezogen. Darum muss die Schöpfung offen bleiben für die Erlösung, für den Empfang der Gnade – auf die „göttliche Selbstmitteilung" und „den Vollzug des göttlichen Lebens" hin. Ohne diese Offenheit kommt die Schöpfung nicht zu ihrer Fülle. Rahner sagt es in einem kompakten Satz: „Die Natur findet also in der konkreten Ordnung zu ihrer Vollendung nur dann selbst, wenn sie sich wirklich als Moment an der umfassenden Gnaden- und Erlösungswirklichkeit begreift." Und folglich muss in ihr – trotz der hohen Wertschätzung, die der Welt als solcher um Christi willen schon zukommt – fortwährend das Licht des Glaubens auf den Leuchter gestellt werden.

Für Rahner wäre es darum absurd, den „endgültigen Erfolg, die Verklärung der Welt und die Seligkeit der Menschen … durch die innerweltlichen und vom Menschen verwaltbaren Kräfte" erreichen zu wollen, „als ob nicht alles, was der Mensch in seinem Leben und in der Welt tut, durch jene absolute Infragestellung und Aufgabe hindurchgehen müsste, die wir Tod, als individuelles und kosmisches Ereignis gemeint, nennen." „Welttrunkenheit", Leugnen der „übernatürlichen Berufung, die sich mit dem Weltamt nicht deckt", „Überschätzen der innerweltlichen Möglichkeiten" – sie entstellen das Geschaffene auf das „rein Diesseitige" hin und vergessen Christus als die Sinnspitze der Schöpfung. – An diese Gedanken ließe sich bruchlos und zusammenfassend der Freiburger Appell Benedikts anschließen.

Das betrifft dann aber nicht nur den einzelnen Christen, sondern auch die Kirche als Gemeinschaft. Das Zweite Vatikanische Konzil hat der Kirche in Erinnerung gerufen, dass sie gegenüber der Welt nicht nur Gebende ist, sondern auch, „wie viel sie selbst der Geschichte und Entwicklung der Menschheit verdankt" (*Gaudium et Spes* 44). Ihr Dienst nach innen und in die Gesellschaft hinein wäre nicht denkbar ohne die Nutzung der vielen Instrumente und Strukturen, die weltliche Unternehmungen und politische Instanzen bieten. Es geht um all das, was die Verwaltung erleichtert und zur Verbesserung von Betriebsabläufen beiträgt, um das, was die Psychologie für den zwischenmenschlichen Umgang und die Bewältigung von Notsituationen anbietet, um das, womit Juristen die Verteidigung des Rechts sicherstellen, und nicht zuletzt um praktische Hilfe beim caritativen Einsatz für Notleidende, Randgruppen, Alte, Kinder und Kranke. Das Zueinander von Kirche und Welt nennt deshalb ein anderer großer Theologe eine „gezügelte Symbiose" (Kardinal Alois Grillmeier).

Zu Recht unterstreicht Karl Rahner, dass gerade diese Überlappung weltlicher Errungenschaften mit der kirchlichen Sendung der Kirche gewiss die Chance bietet, „die Kräfte der Wahrheit und die Gnade der Erlösungsordnung … in die Welt hineinzutragen": Auf diese Weise werde der „erlebten … Gnade Gottes in der Kirche … Greifbarkeit" gegeben. Eine solche Greifbarkeit misslinge jedoch dem, der in „pseudochristlich-weltlicher Geschäftigkeit" das gewünschte Ergebnis durch „die innerweltlichen und vom Menschen verwaltbaren Kräfte" erzwingen wolle. Darum könne auf das Evangelium nicht verzichtet werden, wenn in der Kirche die weltlicher Erfahrung entlehnten Hilfen als Heil- und Heiligungsmittel dienen sollen. Der Widerhall der Offenbarung dürfe weder im handelnden Menschen noch in den aufgelegten Programmen von den Kommandos diesseitiger Eigengesetzlichkeit übertönt werden; nur unter dieser Bedingung würden die Christen ihrer Kirchlichkeit gerecht.

Auch Karl Rahner war sich theologisch mit Joseph Ratzinger nicht immer einig. Doch was den Aufruf zur Entweltlichung betrifft, besteht völlige Übereinstimmung.

2. Ein spirituelles Genie – Hans Urs von Balthasar meint, drei Dinge brauche jeder Christ …

Es gibt aber einen Theologen, den Joseph Ratzinger besonders verehrt hat und der uns vielleicht am besten helfen kann, das tiefer zu verstehen, was Papst Benedikt XVI. in seiner Freiburger Rede mit „Welt" und „Entweltlichung" gemeint hat. Es handelt sich um den Schweizer Theologen Hans Urs von Balthasar. Schon 1945 hatte er eine systematische Spiritualität für alle Glieder der Kirche formuliert. Dieses für ihn zentrale Feld durchdachte er später noch weiter in vielen anderen Abhandlungen – beispielsweise in der Monografie *Das betrachtende Gebet*. Erst im Jahre 1977, mehr als dreißig Jahre später, erschien schließlich eine Synthese seiner Vision des christlichen Weges zu Gott im Johannes Verlag Einsiedeln. Er gab diesem starken Text, dem die im Folgenden aufgeführten Zitate entnommen sind, den Titel *Christlicher Stand*, nannte ihn eine „Meditation" und möchte mit ihm – wie es jede „Spiritualität" will – den einzelnen Christen zum gelebten Glauben motivieren und anleiten. Dazu zielt er auf den „vollen Ernst der Einübung in den Hauptakt christlichen Lebens", nämlich in die „Vollkommenheit christlicher Liebe", und will darum „diesen Ernst als den des Evangeliums selbst, der personalen Begegnung des Glaubenden mit Jesus Christus, anerkennen und ihn in keiner Weise aufweichend hinterfragen".

Über die beiden genannten fundamentalen Bezugspunkte für die christliche Liebe hinaus – das Evangelium und die personale Begegnung mit Jesus Christus – knüpft der Autor für seine Untersuchung bei der Gemeinsamkeit aller Glieder der Kirche an, wie sie dann auch das Zweite Vatikanische Konzil betont hat: Der Anspruch der Heilsbotschaft gilt allen Getauften ohne Unterschied. Dennoch werden die Heilswege, die der Glaube den Christen weist, am Leitfaden der „evangelischen Räte" vorgestellt, denn der Autor unterscheidet zwar nach wie vor die einzelnen Stände der Priester, Laien und Ordensleute, hebt aber zwischen ihnen keine Gräben aus. Die Verschiedenheit zwischen den kirchlichen Ständen meint eben keine Gegensätzlichkeit. Zwischen allen Ständen besteht vielmehr eine Art „Osmose", durch die sie miteinander verbunden sind.

So ermutigt Balthasar dazu, und das ist das Neue dieses Textes, die evangelischen Räte (Armut, Jungfräulichkeit und Gehorsam) auch auf den „Weltstand", auf die Laien anzuwenden – und damit schaut man dann auch ganz anders auf die Welt und auch auf das, was Entweltlichung sein könnte. Die Spiritualität, die Balthasar entwickelt, geht aus vom überlieferten Wort Gottes. Zwar könnte man meinen, die Aussagen der Bibel seien, wenn es um „Welt" gehe, unserem Lebensgefühl allzu fern, als dass sie uns leiten könnten. Doch wir können als Christen nicht umhin, unser Urteilen in das Licht der Offenbarung zu stellen und uns dann gegebenenfalls auch dessen „Frag-würdigkeit" einzugestehen.

Für seine Darlegung der Spiritualität benutzt Hans Urs von Balthasar die Sicht des Menschen wie sie der Schöpfungsbericht des Alten Testaments in den ersten Kapiteln der Bibel beschreibt. Ohne damit eine evolutionäre Perspektive zu leugnen, schaut er aus der Sicht des Glaubens tiefer als die Naturwissenschaft und sucht eine Antwort auf die Frage, „wo der Mensch zu stehen hat und Stand gewinnt": Für ihn gehört der Mensch an den Ort, wohin ihn Gott gestellt hat. Im Schöpfungsbericht heißt es: „Gott sprach: Lasst uns den Menschen machen nach unserm Bild und Gleichnis … so schuf Gott den Menschen als sein Abbild. Als Gottes Abbild schuf er ihn" (Gen 1,26f). Und ferner: „Gott der Herr bildete den Menschen aus dem Staub der Erde und hauchte ihm den Odem des Lebens ein" (Gen 2,7).

Nach der Bibel ist Gott Ursprung und Anker des Menschen. Als Gottes Geschöpf ist der Mensch einerseits Bild und Gleichnis Gottes, also Gott ganz nah, seiner Herkunft nach ist er jedoch andererseits Staub und Erde – das Geringste. Der Hinweis auf die Herkunft des Menschen aus dem Staub ist dabei keine beiläufige Ergänzung, sondern er soll ihm ständige Mahnung sein, damit das Geschöpf sich nicht überhebt. „So ist sein *erster Stand ein doppelter Ab-Stand*: von Gott und vom Nichts. Weil er aus dem Nichts stammt, behält er in jeder noch so großen Ähnlichkeit mit dem Urbild die unaufhebbare, größere Unähnlichkeit zu Gott. Nicht dadurch kann er Gott ähnlicher werden, dass er seine Herkunft immer mehr vergisst, um immer mehr die Art Gottes anzunehmen, sondern er erfüllt seine Bestimmung in dem Maß, als er Bild und Gleichnis im Abstand zu sein erstrebt."

Gott hat den Menschen nach seinem Bild und Gleichnis geschaffen und ihn dann „in den Garten Eden gebracht, damit er ihn bebaue und pflege" (Gen 2,15). Dieser Garten steht dem ersten Menschen zur Verfügung. Er ist ihm von Gott umfassend anvertraut, und er kann ihn nutzen ohne Neid auf Gott oder irgendeinen Argwohn. Adam ist souveräner Herrscher über die Schöpfung, solange er sich Gott nicht entzieht. Der paradiesische Mensch lebte und erlebte das Ideal der beseligenden totalen Gott-Verwiesenheit. Eine solche außergewöhnliche Erfahrung wurde auch der heiligen Mystikerin Teresa von Ávila († 1582) geschenkt. So kann sie von einer umfassenden Erfüllung in Gott sprechen, die keiner Ergänzung bedarf: „Gott allein genügt." Dieser bekannte Vers ist einem Zettel entnommen, den man nach ihrem Tod im Brevier der Heiligen fand und der vollständig lautet: „Nichts soll dich ängstigen, nichts dich erschrecken. Alles geht vorüber. Gott allein bleibt derselbe. Alles erreicht der Geduldige, und wer Gott hat, der hat alles. Gott allein genügt." Verführung durch die Schöpfung, durch die „Macht" und die „Begehrlichkeit", das Streben nach Selbstsicherung und der Alleinanspruch des Diesseits, Gottesfinsternis und Angst vor Verwerfung, all dies ist im paradiesischen Urstand unvorstellbar. Eine „Kuppel" (Josef Pieper) zwischen der „Welt" und dem „heiligen Kosmos" gab es für Adam und Eva nicht. Der „Entweltlichung" bedurfte es in der ursprünglichen Schöpfung nicht, ein solches Wort hätte gar keinen Sinn gehabt.

Obwohl der Mensch ja nicht Gott ist, beschenkte ihn sein Schöpfer mit Eigenständigkeit gegenüber Gott, mit Personalität und Freiheit. Zwar ist er insofern Gottes Abbild als er „Ähnlichkeit im Gegenüber" ist, doch zugleich existiert er im Abstand. In einem großen Wurf erklärt Balthasar den Sinn der ganzen Schöpfung und dieses besonderen Verhältnisses von Gott und Mensch aus der Tatsache, dass Gott die Liebe ist: „Wollte ein Spiegel sich dem, was er widerspiegelt, so sehr nähern, dass er damit zusammenfiele, so würde die Existenz des Spiegelbildes aufgehoben. Und wollten zwei Liebende versuchen, einander so zu besitzen, dass sie miteinander verschmölzen, so würde, wenn dies möglich wäre, die Liebe vernichtet. Der Liebende braucht, um die Bewegung der Liebe überhaupt vollziehen zu können, den unverrückbaren Stand seines *eigenen* Seins."

Der Mensch ist zur Liebe berufen in dem Sinne, dass er diesen Stand als Geschöpf vollkommen erfüllen soll. „Bild und Gleichnis" des Schöpfers meint dabei nicht, im Versuch, zu lieben, Gottes Liebe möglichst täuschend nachzuahmen. Gottes Weise zu lieben ist nicht lediglich die eines Vorbilds, sie bleibt die Ermöglichung und der Angelpunkt allen menschlichen Liebens, dessen Gelingen sich in der menschlichen Öffnung für die göttlichen Strahlen erweist. Und Balthasar fährt fort: „Alle Wesen werden zuletzt nach ihrem Ziel und ihrer Bestimmung gedeutet, und beim Menschen ist diese nichts anderes als die Liebe." Vor dem Sündenfall herrschte der Mensch in voller Freiheit über die ganze Erde; ihm war lediglich das eine verwehrt, nach dem Baum der Erkenntnis des Guten und des Bösen zu greifen. Doch dies war keine Beschränkung, denn in solcher Ordnung durchformte Gottes Wille den eigenen des Menschen, damit so der Wille des Herrn in den Willen des Geschöpfs aufgenommen und von ihm in Freiheit verwirklicht würde. Der Gehorsam gibt dem menschlichen Willen die Form des Dienens Gott gegenüber, in dem als dem Ursprung sich alles menschliche Lieben vollendet. Die gelebte Gott-Verwiesenheit macht das Geschöpf zu einem betenden. Im Gebet begreift er seine Geschöpflichkeit, die Gott zu dienen und ihn zu verherrlichen hat. Im Vollzug dieser Sendung betet also der

Mensch Gott an und dankt ihm, dass dieser Gott ihm alles zu Füßen gelegt hat, damit er es in der Gestalt, die Gott gefällt, diesem zurückerstatte. So fallen in der Harmonie des Paradieses Aktion und Kontemplation in eins. Tätigkeit wird dem Menschen zum Gottesdienst. Die Welt, die Schöpfung lenkt ihn nicht von Gott ab, sondern führt zu ihm hin. Das Gebet braucht sich gegenüber der Faszination des Entdeckens und der Bestätigung des Ichs durch den Erfolg nicht mühsam Raum und Zeit zu suchen.

Doch dann kam der Sündenfall. Er entfernte das Geschöpf von seinem Schöpfer. Mit dem Ungehorsam und der Abwendung von Gott befiel nicht nur den Menschen, sondern alles Geschaffene ein unausrottbarer Krankheitskeim. Den Stammeltern, aber dann auch der Menschheit insgesamt wurde die „Welt" plötzlich zu einem janusköpfigen Gegenüber. Mit dem Einwurf: „Hat Gott wirklich gesagt: Ihr dürft von keinem Baum des Gartens essen?" hatte die Schlange geschickt den Willen des Menschen zum Gehorsam Gott gegenüber aufgebrochen. Mit dieser Frage stellte sie listig die königliche Souveränität der Menschen über alle Schöpfung in Frage. Bisher hatten sie das Gebot Gottes nicht als Einschränkung der Freiheit empfunden, sie hatten nicht einmal ihren eigenen Willen verglichen mit dem ihres Schöpfers; ihr Wille stand einfach in voller Harmonie mit Gottes Willen. Für sie herrschte der Gottes-Dienst des Vertrauens. Solches Vertrauen im Glauben „war die Regung, in der sie ihr Sein von Gott entgegennahmen und es ihm in Liebe immer wieder zurückgaben". Doch nun zerbrach die rückhaltlose Bereitschaft, sich Gottes Willen als verlässlicher Leitschnur zur eigenen Seligkeit anzuvertrauen. Schlimmer noch: Gott erscheint selbst als Konkurrent menschlichen Glücks. Hier liegt die Wurzel unseres Dramas als Geschöpfe.

Gerade im modernen Menschen stecken tiefer Argwohn und große Skepsis Gott gegenüber. Friedrich Nietzsche hat sie verdichtet und auf den Punkt gebracht. Er geht so weit, zu behaupten, dass der Mensch nicht nur Gott nicht brauche, um seine Freiheit zu finden, sondern dass dieser Gott sogar die freie Selbstentfaltung behindere: Die göttliche Absolutheit und Größe legt sich für Nietzsche wie ein lähmender Zwang auf das Ich, wenn es sich Gottes bewusst wird. So sträubt sich der Mensch, den Weg zu sich selbst in der Helle des göttlichen Blicks anzutreten. Nur dadurch, dass er Gott verneint, glaubt er sich Gottes erwehren und zum eigenen Glück finden zu können. Daher muss Gott abgeschafft werden: „Gott ist tot", ruft Friedrich Nietzsche seinen Zeitgenossen zu. Und das Echo hallt bis heute nach.

Nach Nietzsche ist der Mensch gezwungen, nun seine Sicherheit ausschließlich bei sich selbst zu suchen. War Gottes Gebot bislang das Versprechen des Lebens schlechthin gewesen, so ist dies Leben ab jetzt nicht länger im ewigen Leben geborgen, sondern in die Endlichkeit eingemauert. Diese Mauer aber lauert als „Tod". So muss der Mensch sich sorgen, das äußerlich und innerlich gefährdete Flämmchen des eigenen Lebens selbst zu schützen – „die in ihm nagende Krankheit, das Altern, die Abstumpfung und Ermüdung, den Überdruss an der Langeweile und Unergiebigkeit, die Vergeblichkeit und Aussichtslosigkeit". In der Sexualität zeigen die körperlichen Triebe ihr doppeltes Gesicht von Lust und Sklaverei. Adam und Eva lebten noch unbefangen miteinander – nicht im Verzicht, sondern einander rückhaltlos zugetan in der von Gott gegebenen Liebe. Durch die Sünde jedoch wurde die nachhaltige Beglückung des anderen zerbrochen. Die Triebe des Leibes traten aus der Hülle des Seelischen nackt hervor und weckten die leibliche Scham: „Sie erkannten, dass sie nackt waren" (Gen 3,7). Von da an herrschte lustvolles, aber auch schmerzhaftes Begehren zwischen den Geschlechtern: „Und du wirst nach diesem Mann verlangen, der über dich herrschen wird" (Gen 3,16). Die überreiche Fülle des Paradies-Gartens war Vergangenheit, Dornen und Disteln trug der Erdboden nun. Im Schweiß seines Angesichts hatte der Mensch das Feld zu bebauen, in Mühsal sein Brot zu essen, bis er zur Erde zurückkam, von der er genommen wurde. Als sie noch Überfluss hatten, dachten sie nicht daran, etwas für sich zu erraffen. Jetzt aber, da alles karg wurde, begann der Kampf ums Dasein.

Gegen dieses Geschick stellt das Neue Testament später die drei Liebeshaltungen Armut, Jungfräulichkeit und Gehorsam, die vor dem Sündenfall im Paradies keinerlei Verzicht bedeuteten: Sie waren Ausdruck einer Liebe, die allen denkbaren Reichtum, allen Segen, alle Fülle in Gott besaß. Der Sündenfall aber nahm ihnen ihre unbefangene Schönheit. Die Freiheit im Gehorsam gegenüber Gott wandelte sich in den fluchbeladenen Gehorsam gegenüber der Welt und ihren Gesetzen, in die bittere Form des harten Müssens, die den Menschen nun zwingt. Auch die von Gott her alles erfüllende Liebe verbarg sich. Vor der Ursünde stand sie den Menschen umfassend als Gottes Geschenk offen – hatte er selbst doch Eva dem Adam zugeführt und dieser mit Freude ausgerufen: „Das ist nun endlich Bein von meinem Gebein und Fleisch von meinem Fleisch" (Gen 2,23) und hatte Gott den beiden doch den ausdrücklichen Auftrag gegeben: „Seid fruchtbar und vermehret euch" (Gen 1,28). Doch sie entschieden sich, ihr Glücksverlangen ohne Gott zu stillen; egoistisch zu genießen und die Erfüllung notfalls sogar beim anderen zu stehlen. Der Reichtum des Paradieses hatte darin bestanden, dass Gott dem Menschen alle Güter der Welt im Überfluss gegeben hatte. Als sie sich von ihrem Schöpfer abwandten, waren sie jedoch auf sich selbst verwiesen. An die Stelle der Freiwilligkeit der Liebe trat der Zwang der „gerechten" Verteilung – in der Familie, in der nun die Frau unter die Herrschaft des Mannes gestellt wurde, und in der staatlichen Gemeinschaft, „da das Zusammenleben so vieler um ihr eigenes Leben Besorgter zu Konflikten um Mein und Dein führen muss". Erst durch Jesus Christus gewinnen Armut, Jungfräulichkeit und Gehorsam später wieder paradiesischen Glanz.

Die Entscheidung des Menschen, sich selbst und nicht Gott zu suchen – der Sündenfall – hat aus der liebevollen „Schöpfung" eine ungastliche „Welt" gemacht.

Was der Mensch als Schuldiger nun von sich aus tun könnte, wäre eigentlich bloß zweierlei: entweder die von der Sünde erwirkte Trennung von Gott ausleben und sich verzweifelt in die Endlichkeit und Vergänglichkeit stürzen – „Lasst uns essen und trinken, denn morgen sind wir tot" (1 Kor 15,32) – oder sich gewaltsam mit eigener Kraft aus der Vergänglichkeit herausarbeiten durch selbstgemachte „religiöse" Entwürfe oder Techniken, die den leibgebundenen Menschen zum Geist hin entgrenzen: trotziges Titanentum. Was Jesus „die Welt" nennen wird als den Bereich, der durch die Abwendung von Gott entstanden ist, „pendelt zwischen den beiden Extremen der Selbstsucht und der Selbstflucht und bleibt in dieser Bewegung Chaos und Finsternis".

3. Das göttliche Drama – Eine Anleitung zum Glücklichsein

Nur von Gott her, von Gottes Sohn her, konnte der ursprüngliche Plan wiederhergestellt werden. Die Straße zwischen Urstand und Endstand war ja durch die Ursünde eingebrochen. Wer den Weg dennoch gehen wollte, musste ihn genau an der Einbruchstelle suchen. Das tat Gottes Sohn. Er stieg in die Tiefe und wurde Mensch – nicht ein paradiesischer, sondern ein Mensch wie wir. Er wurde gehorsam bis zum Tod. Hans Urs von Balthasar schreibt im oben zitierten Buch *Christlicher Stand:* „Er zog das Fleisch und den Geist an, die seit der Vertreibung aus Eden der ‚Urstandsgerechtigkeit‘, das heißt der vollkommenen Liebe nicht mehr fähig waren, und übernahm den unfasslichen, für Menschen unmöglichen Auftrag, *innerhalb der gefallenen Welt der ursprünglichen Forderung Gottes* nach vollkommener Liebe zu entsprechen." Er tat es am Kreuz.

Schon am Anfang hatte sich Gott nicht mit der Finsternis und dem Chaos abgefunden; er hatte „das Licht von der Finsternis geschieden" (Gen 1,4). Diese Gegensätze sind nicht diplomatisch zu vermitteln. Erst wenn sie sich als eindeutige Wirklichkeiten polar gegenüberstehen, ohne sich verschwommen zu mischen, wird eine schöpferische Ordnung möglich. Noch weniger lassen sich das Licht der Liebe und die Finsternis des Hasses kompromisshaft ausgleichen. Darum ist für Gottes Sohn die radikale Trennung kennzeichnend: „Glaubt ihr, ich sei gekommen, Frieden auf die Erde zu bringen? Nein, sage ich euch, nicht Frieden, sondern Spaltung. Denn von nun an wird es so sein: Wenn fünf Menschen im gleichen Haus leben, wird Zwietracht herrschen: Drei werden gegen zwei stehen und zwei gegen drei" (Lk 12,51f). Manch einem, der „als ungebetener Gast nicht mit der Gebärde des Eindringlings, der sich einer Fremdheit bewusst ist, sondern mit der Unbekümmertheit dessen, dem ein Hausrecht zusteht" (Eugen Biser) meint, das Christentum von außen beurteilen zu können, und dem der Kompromiss als „eine der größten Erfindungen der Menschheit" (Georg Simmel) gilt, muss diese Unerbittlichkeit fremd erscheinen. Doch Gottes Sohn scheut sich nicht, die Menschen vor die fundamentale Wahl zu stellen. Er fordert sie heraus und schafft sich damit eine Übermacht von Feinden. Wahrheit und Lüge des Menschen, Licht und Finsternis, Rettung und Verlorensein bestimmen sich durch die Entscheidung für oder gegen ihn. Alle Lauheit ist ihm unerträglich: „Wärst du doch entweder kalt oder warm! Weil du aber lau bist und weder kalt noch warm, so will ich dich ausspeien aus meinem Munde" (Offb 3,15–16). So spitzt der Herr das alte Gebot des biblischen Anfangs zu: die rückhaltlose Liebe zu Gott, aus der die Liebe zum Nächsten fließt. Und er fordert das nicht nur, er lebt es in totaler Selbstvergessenheit vor: „Nackt setzt er sich der Sünde aus, um zwischen der Finsternis und dem Licht keinen Abstand zu lassen, um durch Tod und Verlassenheit und Erfahrung der Hölle sein Licht in den letzten Winkel der gegengöttlichen Macht leuchten zu lassen." Dadurch erlöst Gott den Menschen aus Gnade, sodass die Existenz des Christen nicht mehr weltverfallen ist. Auch wenn der Christ weiter in dieser Welt lebt, ist er doch nicht mehr von dieser Welt. Der Glaubende findet eine neue Heimat, lebt „im Stand Christi", wie Balthasar das nennt, einem Stand, der endlich wieder die Gottesgemeinschaft des Paradieses eröffnet. Der Herr hat, so Balthasar, den Stand Christi „aus dem Weltstand heraus durch Scheidung und Herausruf erschaffen, hat die Möglichkeit eines Stehens gegründet, wo es zuvor keine gab, und diese Möglichkeit ganz in ihm selbst begründet".

So stiftete Christus die neue Existenzweise des Christen, eine spannungsreiche Synthese zwischen irdischem und paradiesischem Leben. Alle Christen sind zugleich „Fremde und Gäste in der Welt" (1 Petr 2,11). Und so kann Weltabgewandtheit und Weltzugewandtheit auch nicht verschiedenen Gruppen in der Kirche zugeordnet werden. Das ganze Dasein ist bei allen Getauften vom „Anhängen an den Herrn" (1 Kor 6,17) bestimmt, und so sind alle Christen ohne Unterschied berufen, mit Christus dessen Welterlösung mitzutragen, ein jeder in seiner Art. Die Neuen Geistlichen Bewegungen, die sich von diesem zentralen spirituellen Impuls des Evangeliums inspirieren lassen, entwickeln nicht zuletzt aus der Durchlässigkeit der verschiedenen Stände – Kleriker, Ordensleute, Laien – ihre besondere Kraft. Gottes Wort bestätigt daher nicht nur das gesellschaftliche Engagement der Christen, sondern auch – was heute noch dringlicher erscheint –, dass sie alle gemeinsam jenes Salz (Mt 5,13) und jenes Licht (Mt 5,14) sind, das der Welt fehlt. „Das Evangelium kennt keine Kasuistik, wie weit der Laie nach Vollkommenheit zu streben hat und wie weit er sich davon als entschuldigt ansehen kann. Es kennt nur die Vollkommenheit selbst: die des Seins durch Teilnahme an Gott und die des Sollens aufgrund dieser Gnade."

Die von Christen vorgelebten Räte Armut, Jungfräulichkeit und Gehorsam gelten also nach Balthasar keineswegs nur für Ordensleute; sie gehen alle an und unterlaufen genau das, was den gefallenen Menschen gekennzeichnet hatte, nämlich Eigenbesitz, Hedonismus und Eigenwillen.

Zur Armut lesen wir in der Bibel: „Kein Sklave kann zwei Herren dienen; er wird entweder den einen hassen und den andern lieben, oder er wird zu dem einen halten und den andern verachten. Ihr könnt nicht beiden dienen, Gott und dem Mammon" (Lk 16,13).

Zur Ehelosigkeit: „Der Unverheiratete sorgt sich um die Sache des Herrn; er will dem Herrn gefallen. Der Verheiratete sorgt sich um die Dinge der Welt; er will seiner Frau gefallen" (1 Kor 7,34f).

Zum Gehorsam: „Vater, wenn es möglich ist, gehe dieser Kelch an mir vorüber. Aber nicht wie ich will, sondern wie du willst" (Mt 26,39).

So ist der neue Stand des Christen, jedes Christen, „die Fülle mitten im Verzicht und Seligkeit mitten im Leiden, himmlische Fruchtbarkeit im Verzicht auf irdische, himmlische Freiheit in der Bindung an irdischen Gehorsam". Daher kann sich jedem Christen die Möglichkeit eröffnen, wenn er freiwillig auf Christi Weg geht, etwas vom Himmel vorwegzunehmen und schon jetzt jenen Tod zu sterben, „den die andern, unfreiwillig, im Übergang von diesem irdischen Leben zum Paradiese Gottes erleiden müssen".

Ein solcher Appell zur „Weltdistanz", ja zur „Entweltlichung", ein solcher „Herausruf" widerstrebt nicht nur dem Lebensgefühl unserer Zeit. Der heilige Augustinus hat in seinen *Bekenntnissen* psychologisch eindrucksvoll beschrieben, was ihn daran hinderte, dem Ruf Gottes aus der „Welt" heraus zu folgen: „Also war ich von der Schwere der Welt, wie es gewöhnlich ist beim Schlafe, süß beladen, und die Gedanken, mit denen zu Dir ich sann, glichen den Bemühungen der zum Vollerwachen Gewillten, die gleichwohl, von der Tiefe der Schläfrigkeit übermannt, wieder doch sich sinken lassen. Doch ... wie der Mensch, wenn ihm der schwere Taumel in den Gliedern ist, zumeist es hinausschiebt, den Schlaf von sich zu schütteln, und ihn gar zu gern, auch wenn schon einiges

Missbehagen dabei ist, noch fortgenießt, obgleich es Zeit zum Aufstehen wäre; genau so war es mir gewiss, dass es besser wäre, mich Deiner Liebe hinzugeben, als meinem Gelüste nachzugeben, aber das eine empfahl sich und überzeugte, das andere tat wohl und überwältigte."

Auch jemand wie der französische Literatur-Nobelpreisträger André Gide († 1951) wusste, dass die Sehnsucht des Menschen sich nicht mit Irdischem stillen lässt. Er nahm den Weg der schrankenlosen Exzesse. In seinem *Tagebuch* schrieb er: „Ich ahne, keines der Gebote des Evangeliums hat mich schon von meiner ersten Jugend an so tief gezeichnet wie das: ‚Mein Reich ist nicht von dieser Welt'." Dennoch suchte er – anders als Augustinus – allein mit Geschaffenem seine Erfüllung und bediente sich hemmungslos: „Keine Scham infolge der leichten Lüste. Eine Art niederes Paradies, eine Art Kommunion von unten her. Wichtig ist, ihnen keine Bedeutung beizumessen, noch sich durch sie erniedrigt zu fühlen."

Auch wenn er aus der Welt herausgerufen ist, behält der Glaubende seinen Ort in ihr. Er steht weiter unter Gottes Auftrag, sich die Erde untertan zu machen (Gen 1, 28). Dieser Urbefehl war ja an ihn ergangen, noch bevor er sich von seinem Schöpfer abwandte, und ist somit vom Sündenfall nicht berührt. Auch nach dem Bruch mit Gott ist der Mensch der Hüter der Schöpfung. So hat denn auch der Glaubende dem natürlichen Kulturbefehl zu entsprechen und ihn in derselben Weise zu erfüllen wie die Nicht-Glaubenden. Gleichzeitig soll er freilich seiner ursprünglichen Berufung zur Liebe Gottes Folge leisten, die ihn aus der Welt heraus in die Ordnung der Erlösung hineinruft. Dabei ist das alltägliche Leben in der Welt und seine Bewältigung keineswegs ein Hindernis auf dem Weg zur paradiesischen Unschuld, im Gegenteil.

Nicht ohne Realitätssinn und mit Bitterkeit schreibt der Franzose Charles Péguy († 1914) über die „Partei der Frommen", eine Gruppe, die sich unter Ludwig XIV. am Französischen Königshof gebildet hatte: „Weil sie nicht die Kraft (und nicht die Gnade) haben, der Natur anzugehören, glauben sie, dass sie der Gnade angehören. Weil sie keinen zeitlichen Mut haben, glauben sie, dass sie schon begonnen hätten, das Ewige zu durchdringen. Weil sie nicht den Mut haben, von der Welt zu sein, glauben sie, dass sie Gottes seien. Weil sie nicht den Mut haben, einer der Parteien des Menschen anzugehören, glauben sie, dass sie von der Partei Gottes seien. Weil sie nicht des Menschen sind, glauben sie Gottes zu sein. Weil sie niemanden lieben, glauben sie, Gott zu lieben."

Allerdings steht der Mensch, der in dieser Welt lebt, gerade in seiner Erdverbundenheit unter einem doppelten Gesetz: „Er ist geteilt" (1 Kor 7,34). Er sieht und fühlt einen Riss zwischen Natur und Übernatur, der ihn leiden macht. Er begegnet dem Kreuz, und falls er es annimmt, gewinnt er gerade durch das Kreuz etwas von der Ganzheit des Paradieses zurück. Balthasar: „Der Christ in der Welt wird innerhalb der Ordnungen der gefallenen Natur belassen, aber so, (…) dass er, den Gesetzen dieser Welt gehorchend, doch nicht von dieser Welt ist." Christen leben in einem „Als-Ob": „… als ob sie nicht verheiratet wären … als ob sie nichts besäßen … als ob sie von der Welt keinen Gebrauch machten". Damit zeigen die evangelischen Räte ihre Bedeutung für alle Christen. Sie sind ein Hinweis, dass die wahre Erfüllung noch aussteht und erst in der kommenden Welt geschenkt wird, dass die erlittene „Teilung" nur in der Bewegung des Übergangs ertragbar ist und dass ein beruhigtes Gleichgewicht zwischen Weltdienst und Heilsdienst nicht herzustellen ist. Papst Franziskus sagte in seiner ersten

Predigt an die Kardinäle nach seiner Wahl: „Unser Leben ist ein Weg, und wenn wir stehen bleiben, dann gelingt das nicht. Wir müssen immer vorangehen, in der Gegenwart des Herrn."

Doch wohin geht die Bewegung? Nach Hans Urs von Balthasar geht sie auf „eine Neubestimmung der gesamten Existenz der Berufenen, sodass diese durch die Einsetzung in den Stand Christi ihre endgültige personale, alles Übrige in sich absorbierende und relativierende Bestimmung erhält. Jenes Stehen Christi im Willen und Wesen des Vaters, wo Stand und Personsein für ihn zusammenfallen, wird zur *Form* des neuen Stehens des Christen." Die wahre Quelle seiner Existenz liegt jenseits seiner eigenen Person.

Große Männer und Frauen taten diesen Sprung ins Neue und rangen sich zu einem solchen „Christus-Stand" durch, obwohl sie den hohen Preis solcher „Entweltlichung" fürchteten. Um einen zu nennen: Alfred Döblin, Jude, Berliner Arzt und gefeierter Schriftsteller († 1957). 1933 floh er vor den Nationalsozialisten nach Frankreich. Er schrieb: „In Paris stand ich oft vor Läden, in denen man Kruzifixe verkaufte. Ich stand und versuchte, vor ihnen zu denken. Sie zogen mich an. Vor ihnen fiel mir das ein: das ist das menschliche Elend, unser Los, es gehört zu unserer Existenz, und dies ist das wahre Symbol. Unfassbar der andere Gedanke: was hier hängt, das ist Gott selber, der um das Elend weiß und darum herabgestiegen ist in das kleine menschliche Leben. Er hat durch sein Erscheinen gezeigt, dass dies alles hier nicht sinnlos ist, wie es scheint, dass ein Licht auf uns fällt und dass wir uns auch in unserem jenseitigen Raume bewegen." Im Jahre 1941 konvertierte Alfred Döblin zum Katholizismus und fand die Sicherheit nach dem Sprung.

Fortschritt der Menschheit ohne Christus ist für den Christen also – recht bedacht – ein Unding. „Wer nicht zum Herrn betet, betet zum Teufel", zitierte Papst Franziskus in seiner ersten Predigt als Papst warnend Léon Bloy. Dies ist festzuhalten trotz der Beachtung der „Autonomie der zeitlichen Dinge", wie sie das Zweite Vatikanische Konzil formuliert hat – schon einfach deshalb, weil Christus das Ziel nicht nur der übernatürlichen, sondern auch der natürlichen Berufung des Menschen ist. Heil geschieht nur in totaler Christusverbundenheit.

Wie viel „Entweltlichung" aber mag dieser Satz dem Tun der Kirche abfordern, wenn er in Seelsorge und Planung umgesetzt wird! Denn die Errungenschaften der „Welt" drängen erkennbar mit Macht in die Kirchen und ihre Institutionen. Fragen werden unumgänglich: Welche Entscheidungen trifft Gottes Volk in Problemen der Bioethik? Fördern die Veranstaltungen der kirchlichen Bildungseinrichtungen und die dort angebotenen Kurse in Meditation und Spiritualität letztlich auch den Christusglauben oder tragen sie bloß Praktiken anderer Religionen in die Gemeinden? Reicht es, wenn Unternehmensberater ohne irgendeinen Bezug auf Christus effiziente Lösungen für den kirchlichen Verwaltungsablauf vorschlagen? Beachten die Diözesen als Wirtschaftsunternehmen die Forderungen sozialer Gerechtigkeit und den Geist der Bergpredigt?

Christus selbst steht denen im Wege, die weltliche Modelle übernehmen, ohne sie auf ihre Vereinbarkeit mit dem Evangelium abzuklopfen. Sie liefen Gefahr, „nicht um die Sache des Herrn besorgt zu sein, wie er dem Herrn gefalle, sondern um weltliche Dinge" (1 Kor 7,32f.). Aber sie würden auch zeigen, dass sie die Welt nicht durchschauen. „Denn Natur kann mitsamt ihrer Gesetzlichkeit, wie Natur- und Kulturwissenschaften sie erforschen, ihren abschließenden Sinn doch nur im ewigen göttlichen Wort, jenseits der natürlichen Gesetzlichkeit finden. Sie ist Material, das diesem Wort zur Verfügung steht …"

Der Christ hat das Christentum nicht zu verdünnen, um es Welt-konform zu machen. Sein Auftrag ist, der Welt die Form Christi zu bezeugen, sie vorzuleben und einzuprägen. Balthasar sagt: „Im Bereich des Sozialen, Wirtschaftlichen, Politischen und Kulturellen hat er keine Erlaubnis, in seiner weltlichen Betätigung einem andern Gesetz zu folgen als dem seines Christseins. Denn da alle Dinge in Christus, durch Christus und auf Christus hin geschaffen sind …, wäre es Unglaube, zu tun, als folgten die Weltmächte einem von Christus emanzipierten, autonomen Gesetz". Auftrag des Christen sei also nicht die „Aufnahme der Welt in die Kirche, so wie sie außerhalb der Kirche besteht, sondern jene *christliche Verwandlung von Welt, die ihrer letzten Idee, die bei Jesus Christus liegt und er selber ist, entspricht*". Denn schon im Jakobusbrief heißt es: „Bringt euch in die Nähe Gottes, so nähert sich Gott euch … ihr Menschen mit zwei Seelen" (Jak 4,8).

Wer aber auf diese Weise in den Stand Christi eintritt, kann, so Balthasar, zum Quellpunkt aller Schöpfung gelangen: „Und wenn die Vielfalt der Dinge hier von der Einheit der zentralen Sonne wie überblendet erscheint …, so empfangen die Christen nach einem Augenblick der Blendung etwas von den Augen Gottes, um die Welt mit ihm vom Ursprung her zu sehen." Gnadenhaft entsteht ein neuer Blick und der Drang, alle eigenen Kräfte direkt oder indirekt dem Heilswerk Gottes in Christus zuzuführen.

Wie das geht, die Welt mit den Augen Gottes zu sehen, hat Franz von Assisi, der Namenspatron des neuen Papstes, gezeigt. Der Schweizer Walter Nigg, ein großer protestantischer Heiligen-Biograph, schreibt:

„Die Leprosen hatten Franziskus von jeher Ekel und Grauen eingeflößt. Der Anblick ihrer verfaulten Glieder weckte in ihm einen solchen Widerwillen, dass es ihm bitter war, sie anzusehen, und noch schwerer ertrug der gepflegte junge Mann ihren stinkenden Geruch. Der Aussatz war für Franziskus in seinen Jünglingsjahren nicht wie für das Mittelalter eine „heilige Krankheit"; er empfand nur den denkbar größten Abscheu vor den von ihm betroffenen Menschen. Er ging den Aussätzigen grundsätzlich aus dem Weg. Auf zwei Meilen Entfernung hielt er sich die Nase zu, wenn er ihnen begegnete. Dieses Grauen ist durchaus begreiflich, denn den Anblick der furchtbar entstellten Gestalten kann man sich nicht schrecklich genug vorstellen. Da geschah es einst, dass Franziskus sich auf einem einsamen Spazierritt in der Nähe von Assisi unerwartet einem solch schauerlich zugerichteten Menschen gegenübersah und sich bei ihm wieder spontan die heftigsten Ekelgefühle regten. Er war gerade im Begriffe umzukehren, als er unschlüssig noch ein wenig zauderte und sich dann überwindend entschloss, von seinem Pferde zu steigen. In eine neue Situation geraten, von der Franziskus das Gefühl bekam, ‚der Herr selbst habe ihn dahin geführt', gab er, von Mitleid übermannt, diesem von Gott geschlagenen Mann seine Geldbörse. Und nicht genug damit. Es geschah noch etwas ganz Unerwartetes. Sein ablehnendes Widerstreben niederkämpfend, umarmte er plötzlich den Aussätzigen und küsste ihn mit glühender Inbrunst. Bei der Betrachtung dieses Vorgangs wagt man kaum zu atmen. Mit einer beinahe übermenschlichen Selbstüberwindung hatte der noch im Weltleben befangene Franziskus den ersten Sieg über sich errungen."

IV. Entweltlichte Menschen, „merkwürdige" Heilige –
Im Anfang war die Tat

Die „evangelischen Räte" Armut, Jungfräulichkeit und Gehorsam wirkten zu allen Zeiten fremd, auch heute. Doch gleichzeitig und vielleicht gerade deswegen faszinieren sie gerade in unseren Tagen viele, denen die Oberflächen der „Welt" nicht genug sind. Was heißt also Entweltlichung praktisch?

Das zeigen am besten Menschen, die diese Räte besonders spannend gelebt haben, Heilige, die uns die verschwenderische Seligkeit und die erwärmende Liebe des Paradieses ahnen lassen. Dabei steht Mutter Teresa von Kalkutta besonders für die „Armut", Bruder Klaus von Flüe besonders für die „Jungfräulichkeit" und schließlich Charles de Foucauld vor allem für den „Gehorsam" – alle drei aber für das spirituelle Abenteuer der „Entweltlichung".

1. Mutter Teresa – Aus der reichen Welt in die heilige Armut

Oslo, 10. Dezember 1979: Im Rathaus haben sich hochrangige Repräsentanten der Gesellschaft zu einer Feier versammelt, in welcher der Friedensnobelpreis verliehen werden soll, unter ihnen der König und Minister der Regierung Norwegens. Mutter Teresa von den Missionarinnen der Nächstenliebe soll ihn erhalten. Schon in ihrem indischen Sari hebt sie sich von den Versammelten ab. Zunächst werden die Initiativen aufgezählt, die sie in die Welt gesetzt hat, um das Los der Armen und Kranken zu lindern. Dann hat sie die fällige Dankesrede zu halten. Sie geht zum Mikrofon. In der Hand hält sie ihren Rosenkranz und lädt zunächst alle Anwesenden zum Gebet ein. Sie beginnt das *Ave Maria*. Vielleicht ist es dem einen oder anderen peinlich. Will sie provozieren? Nein, sie lässt sich auch durch diesen besonderen Rahmen nicht irritieren. Sie teilt mit, wo die Wurzeln ihres Engagements liegen. Sie ist einfach nur authentisch.

Mutter Teresa wurde am 26. August 1910 als Kind albanischer Eltern in Skopje im heutigen Mazedonien geboren. Ihr bürgerlicher Name war Agnes Bojaxhiu. Die Familie war nicht ohne Nationalstolz, sodass 1912 die Unabhängigkeit Albaniens als Fest gefeiert wurde. Der Vater Nicola war ein erfolgreicher Kaufmann, der auch außerhalb des Landes Handel trieb. Er beherrschte verschiedene Sprachen: neben Albanisch, Serbisch und Türkisch auch Italienisch und Französisch. Wenn er von langen Reisen nach Hause kam, gab er seine Erlebnisse in der glücklichen Familie oft stimmungsvoll zum Besten. Als er jedoch 1919 plötzlich starb, nahm die Idylle ein jähes Ende, und die Familie erlebte, was Armut bedeutet.

Das Leben von Agnes blieb dennoch ausgeglichen. Sie beteiligte sich am Leben der Kirchengemeinde: Chorgesang, Glaubensunterricht für die Kleinen, Notizen in der Lokalzeitung über die Aktivität der Pfarrei. Dann und wann fragte sie sich leise nach ihrer eigenen Zukunft: Mutter werden – wie ihre eigene Mutter Drane? Lehrerin in der Pfarrschule – mit dem Versprechen der Ehelosigkeit? Sie hoffte auf irgendein Zeichen, ein Zeichen Gottes.

Doch das sollte auf sich warten lassen. Ihr Bruder berichtete von Besuchen der Missionare im Ort. Deren Erlebnisse weckten Begeisterung bei den jungen Leuten. Eines Tages holte der Seelsorger, Pater Franjo Jambreković, einen Atlas, auf dem viele Missionsstationen ferner Ländern eingezeichnet waren. Das beeindruckte die jungen Leute sehr, auch Agnes.

Obwohl sie die Kinder gern unterrichtet, weiß Agnes nicht, was sie mit ihrem Leben anfangen soll. Da fragt sie Pater Franjo, wie man eine Berufung erkenne. „Du erkennst sie an deiner inneren Freude. Wenn du dich glücklich fühlst bei dem Gedanken, dass Gott dich ruft, ihm und dem Nächsten zu dienen, dann kannst du deiner Berufung sicher sein." Und der Moment kommt. Sie vertraut dies zunächst Lorenc Antoni an, der ihr sehr nahesteht. Und am 15. August 1928, dem Fest der Aufnahme Mariens in den Himmel, sagt sie ihr „Ja" zur Berufung als Missionarin in Indien: Sie bittet um Aufnahme bei den Loreto-Schwestern, die im indischen Kalkutta arbeiten. Die Familie ist weniger überzeugt. Die Mutter weint. Doch dann akzeptiert auch sie. Am 26. September tritt Agnes die lange Zugreise nach Dublin zum Mutterhaus des Ordens an. Zahlreiche Verwandte und Bekannte begleiten sie zum Bahnhof.

Die erste große Entscheidung ihres Lebens zu treffen, hatte Agnes nicht wenig Beschwernis gekostet. Doch war das nur eine vergleichsweise harmlose Einübung in viel größeres Kämpfen und Ringen auf der Suche nach Gottes Willen. Am 6. Januar 1929 kommt Agnes Bojaxhiu, die sich nun Schwester Maria Teresa vom Kinde Jesu nennt, in Kalkutta an. 1931 gelobt sie die evangelischen Räte Armut, Jungfräulichkeit und Gehorsam. Nach ihrem ersten Ordensgelübde übernimmt sie die Aufgabe einer Lehrerin an der Oberschule Holy Mary der Loreto-Schwestern. Sie liebt ihre Arbeit, ihre Mitschwestern, die Schülerinnen. Über Jahre hin ist sie überzeugt, dass sie Gottes Weg nun gefunden hat.

Als schließlich der Zweite Weltkrieg ausbricht, wird ein Teil der Schülerinnen evakuiert, doch viele müssen in Kalkutta zurückbleiben. Auch Schwester Teresa verlässt die Stadt nicht und gibt weiter ihren Unterricht. Zu dieser Zeit beginnt der gewaltfreie Widerstand Mahatma Gandhis zur Befreiung Indiens von den englischen Kolonialherren. Das führt zu schweren Unruhen. In den Jahren 1942 und 1943 sucht eine Hungersnot den Subkontinent heim, die mindestens zwei Millionen Menschen das Leben kostet.

Die Schwestern im Kloster nehmen Anteil an der Not der Menschen. Schwester Teresa geht zu ihnen in die *bustees*, die Armenviertel, und das Elend, dem sie dort begegnet, lässt ihr keine Ruhe. In einer von den Jesuiten herausgegebenen Missionszeitschrift berichtet sie:

Jeden Sonntag besuche ich die Armen in den Slums von Kalkutta. Ich kann ihnen nicht helfen, weil ich gar nichts besitze, aber ich gehe zu ihnen, um ihnen Freude zu schenken. Beim letzten Mal waren es ungefähr zwanzig Kinder, die ihre „Ma" bereits ungeduldig erwarteten. Als sie mich sahen, strömten sie mir schon entgegen und traten mir dabei sogar auf die Füße. In dieser „Para" – so nennt man eine Häusergruppe dort – leben zwölf Familien. Jede Familie hat nur einen Raum, zwei Meter lang und anderthalb Meter breit. Die Tür ist so schmal, dass ich kaum eintreten, und die Decke so niedrig, dass ich nicht aufrecht stehen konnte … Jetzt wundere ich mich gar nicht mehr, dass meine armen Kleinen ihre Schule so sehr lieben und dass so viele von ihnen an Tuberkulose leiden. Die arme Mutter (die sie besuchte) äußerte kein einziges Wort der Klage über ihre Armut. Es war sehr schmerzlich für mich, doch gleichzeitig war ich auch sehr glücklich, als ich sah, dass sie sehr glücklich sind, weil ich sie besuche. Am Schluss sagte die Mutter zu mir: „Oh, Ma, komm wieder! Dein Lächeln brachte Sonnenschein in dieses Haus."

1944 wurde Schwester Teresa zur Leiterin der Holy Mary School ernannt. Im gleichen Jahr kam der „Tag des großen Tötens", wie man ihn später nannte. In den Auseinandersetzungen starben in den Straßen von Kalkutta 5000 Menschen und es gab mindestens zehnmal so viele Verwundete. Alle Tätigkeiten in der Stadt waren blockiert, auch die Verteilung von Lebensmitteln. Schwester Teresa sah sich gedrängt, die sicheren Klostermauern zu verlassen, um für ihre rund 300 Schülerinnen Nahrung aufzutreiben. In ihren Aufzeichnungen, die von Brian Kolodiejchuk unter dem Titel *Komm, sei mein Licht!* herausgegeben wurden und im Folgenden zitiert werden, schreibt sie, sie sei auf all die Leichen gestoßen – „erstochen, erschlagen … in seltsamen Positionen, in ihrem getrockneten Blut". Bislang war sie durch das Kloster geschützt worden, sie wusste nur, dass es Unruhen gegeben hatte. „Erst als ich auf die Straße ging, sah ich den Tod … Ein Lastwagen voller Soldaten hielt mich an, und man sagte mir, dass ich nicht auf der Straße sein sollte." Sie trug den Engländern die Not der hungernden Schülerinnen vor, und die Soldaten brachten einige Säcke Reis ins Kloster. Es waren nicht ihre Oberen, die sie zu diesem lebensgefährlichen Einsatz aufgefordert hatten. Sie folgte vielmehr erneut dem Antrieb des Heiligen Geistes. Und der geleitete sie und festigte ihr Vertrauen in seine Führung.

Jährlich kamen die Loreto-Schwestern zu geistlichen Exerzitien zusammen. Schwester Teresa reiste daher im September 1946 nach Darjeeling, einer Stadt in den Ausläufern des Himalaja. Sie war damals 36 Jahre alt. Und da geschah es. Während der Fahrt machte sie am Dienstag, dem 10. September 1946, eine mystische Erfahrung, die ihrem Leben eine Wendung geben sollte. Später schrieb sie:

Es war eine Berufung in der Berufung. Es war ein zweiter Ruf. Es war eine Berufung, sogar Loreto aufzugeben, wo ich sehr glücklich war, und auf die Straße hinauszugehen, um den Ärmsten der Armen zu dienen. Es war in diesem Zug, wo ich den Ruf hörte, alles aufzugeben und Ihm in die Slums zu folgen – um Ihm in den Ärmsten der Armen zu dienen … ich wusste, es war sein Wille und dass ich Ihm folgen müsste. (Es) bestand kein Zweifel, dass es sein Werk sein würde.

Der Herr wollte offenbar, dass sie eine Missionarin der Nächstenliebe, eine *missionary of charity* werden sollte.

Die Vorstellung, die geschützte Welt des Klosters zu verlassen, um sich einem ungeschützten Leben auszusetzen, beunruhigte sie sehr. Wie die Inder zu essen, zu schlafen und zu leben, erfüllte sie mit großer Furcht. Andererseits konnte sie nicht übersehen, dass die europäischen Orden zu reich waren, um überzeugend das Leben mit den Armen zu teilen. Zugleich gab es in Indien so viele Menschen, die Gott brauchten und darauf warteten, Missionaren zu begegnen. Sie betete lange und vertraute sich der Gottesmutter an, diese möge ihren Sohn bitten, die Last dieser Berufung von ihr zu nehmen. Trotz ihrer Bereitschaft, sich dem Willen Gottes ganz hinzugeben, sperrte sich ihr Inneres mit Macht gegen diese zweite Berufung. In einem Brief vom 30. März 1947 an den für sie zuständigen Erzbischof Périer sah sie klar voraus, welche Leiden ein solcher Schritt der Entweltlichung mit sich bringen würde:

Ich bin von Natur aus einfühlsam, ich liebe schöne feine Dinge und Komfort und all das, was Komfort geben kann – lieben und geliebt werden. Ich weiß, daß das Leben einer *missionary of charity* ohne all das auskommen muss. Absolute Armut, das indische Leben und das Leben der Ärmsten wird harte Arbeit gegen meine große Selbstliebe sein.

Die Vorahnungen erfüllen sich, wie eine Tagebucheintragung vom 16. Februar 1949 zeigt:

> Heute habe ich eine gute Lektion gelernt – die Armut der Armen muss für sie oft schlimm sein. Als ich umherging und nach einer Unterkunft suchte, lief ich und lief ich, bis mir meine Arme und Beine wehtaten. Ich dachte daran, wie es den Armen wohl an Körper und Seele wehtut, wenn sie nach einer Unterkunft, nach Lebensmitteln, nach Hilfe suchen. Die Versuchung wurde so stark, die herrschaftlichen Gebäude von Loreto kamen mir stürmisch in den Sinn, all die schönen Dinge und der Komfort, die Menschen, mit denen man Umgang hat, kurz gesagt: alles. – „Du musst nur ein Wort sagen und alles dies wird dir gehören" – flüsterte der Versucher immer wieder. Aus freiem Willen, mein Gott, und aus Liebe zu Dir – möchte ich bleiben und das tun, was auch immer Dein heiliger Wille diesbezüglich für mich ist.

Der Erzbischof ebenso wie ihr Beichtvater Pater van Exem unterziehen ihr Vorhaben einer harten und langen Prüfung. Sie wird unter anderem gefragt, ob sich nicht eine bereits bestehende Kongregation der ihr vorschwebenden Missionsaufgabe stellen könnte. Ihre Antwort ist: „Nein. Erstens weil sie europäisch sind. Wenn unsere indischen Mädchen diesem Orden beitreten, werden sie deren Lebensstil leben: essen, schlafen und sich kleiden wie sie. Kurz gesagt, sie werden – wie die Leute sagen werden – zu ‚Mems (Memsahib= große Dame)'. Sie haben keine Chance, die Heilige Armut zu fühlen."

Die Liebe zu den Armen nötigt sie zunehmend, selbst in Armut herabzusteigen, obgleich sie sich so sehr fürchtet. Entweltlichung wird für sie zur eigentlichen Lebensaufgabe, zur notwendigen Folge ihrer Berufung. Um die von Jesus Geliebten zu erreichen, muss sie ihr Leben teilen. Radikal will sie den evangelischen Rat der Armut umsetzen, damit der Glanz paradiesischer Gottesliebe den Elenden Trost geben und sie anziehen kann.

„Die Welt ist zu reich für die Armen. – Wir müssen im wahrsten Sinn des Wortes sehr, sehr arm sein, um das Herz der Armen für Christus zu gewinnen. Die Armen sind verbittert und leiden, weil sie nicht das Glück kennen, das die Armut mit sich bringen kann, wenn sie für Christus ertragen wird." Dann spricht sie von ihrer großen Sehnsucht, „für Gott alles aufzugeben und sich selbst in absoluter Armut Christus in Seinen leidenden Armen hinzugeben". Es ist „unser Herr, der diese Armut möchte – wegen des vielen Reichtums, durch welchen Ihm so viel Liebe vorenthalten wird. Je weniger wir selbst besitzen, desto mehr werden wir zu geben haben – denn eine auf das Opfer gegründete Liebe wächst gewiss." Er will „arme Schwestern bekleidet mit der Armut des Kreuzes".

Schwester Teresas innerer Kampf um die leidenden Armen und um das eigene Leben der Armut geht einher mit dem Ringen darum, dass ihre Gemeinschaft von der kirchlichen Autorität bestätigt wird. Am Rosenkranzfest 1950 sieht sie schließlich das Ende dieses Tunnels, den sie im September 1946 betreten hatte: Der Erzbischof von Kalkutta, Ferdinand Périer, verliest in der winzigen Kapelle der *Missionaries of Charity* das Gründungsdekret des neuen Ordens von Schwester Teresa, die nun zu „Mutter Teresa" wird. Man braucht nicht viel Phantasie, sich ihre Freude und Dankbarkeit auszumalen nach so langer Zeit des Mühens.

Doch es geht nicht bloß um diese organisatorischen Fragen, Entweltlichung ist für Mutter Teresa ein ganz persönlich erlebter und erlittener, leidvoller Prozess. Schon 1937, im Jahr ihrer Ewigen Gelübde, hatte sie behutsame Andeutungen über tiefen Kummer in ihrem geistlichen Leben gemacht. Sie bedankte sich bei Pater Franjo, ihrem Beichtvater in Skopje, für einen Brief, den dieser in Vorbereitung ihrer Ewigen Gelübde geschrieben hatte. Sie gesteht ihm, dass sie früher immer Angst gehabt habe vor dem Kreuz – „ich bekam immer schon eine Gänsehaut beim bloßen Gedanken daran, zu leiden". Doch jetzt nehme sie „das Leiden von ganzem Herzen an". Dann folgt ein Hinweis darauf, dass sie in ihrem Glaubensleben oft ohne alle Empfindung und innere Bewegung bleibt:

> Glauben Sie nicht, dass mein spirituelles Leben auf Rosen gebettet ist – diese Blume entdecke ich so gut wie gar nicht auf meinem Weg. Ganz im Gegenteil, ich habe öfters als meine Gefährtin „Dunkelheit". Und wenn die Nacht besonders tief ist – und es mir scheint, als ende ich in der Hölle – dann bringe ich mich einfach Jesus dar.

Jahrelang äußert sie sich niemandem gegenüber zu dieser geistlichen Mühsal. Dass Mutter Teresa sich mit einer „geistlichen Trockenheit" herumquälte, war denn auch zu ihren Lebzeiten nicht einmal ihren engsten Mitarbeitern, wie etwa ihrer Nachfolgerin Schwester Nirmala, bekannt. Diese seelische Not kam erst anlässlich des Seligsprechungsprozesses durch Zeugenaussagen ihrer geistlichen Begleiter und durch das Studium ihrer Korrespondenz ans Licht. So erfuhr man durch Einsicht in ihre Briefe an Erzbischof Périer und Pater van Exem von dieser geistlichen Last. Ein Brief vom 18. März 1953 an ihren zuständigen Bischof benennt sie nur in knappen Worten:

Bitte, beten Sie eigens für mich, dass ich Sein Werk nicht verderbe und dass unser Herr selbst sich zeigt – denn in mir ist eine solche Dunkelheit, als ob alles tot wäre. Dieser Zustand besteht mehr oder weniger seit dem Zeitpunkt, als ich mit dem „Werk" anfing. Bitten Sie unsern Herrn, mir Mut zu geben.

Ein geistlicher Bote Gottes half ihr schließlich zu einer neuen Deutung ihrer „Nacht der Sinne". Sie begegnete dem holländischen Herz-Jesu-Missionar Pater Michael van der Peet im Oktober 1975 in Rom. Durch einen Vortrag bei den Novizinnen und Exerzitien für die Gemeinschaft im November vertiefte sich ihr Kontakt. Immer wieder hatte Mutter Teresa das Gespräch auf das Mysterium der Größe Gottes und ihre eigene Nichtigkeit gebracht. Am 29. Mai 1976 schreibt sie an Pater van der Peet:

Ich will schreiben, aber ich habe nichts zu sagen, außer dass ich mich über Seine große Demut und meine Kleinheit wundere, mein Nichts. Ich glaube, darin begegnen sich Jesus und ich. Er ist alles für mich und ich, Seine liebe Kleine, so hilflos – so leer – so klein. Ich bin so klein, dass all die Dinge (die Lobesbriefe und Ehrungen), die die Leute immer über mich schütten und um mich herum ausschütten – in mich nicht eindringen können. Vielleicht sehe ich wegen der Dunkelheit nicht.

Dann aber schreibt sie drei Tage später:

Meine Liebe für Jesus wird immer einfacher und, wie ich meine, immer persönlicher. Wie unsere Armen versuche ich meine Armut – klein, hilflos und unfähig zu großer Liebe zu sein – anzunehmen. Doch ich möchte Jesus mit der Liebe Marias lieben, und Seinen Vater mit der Liebe Jesu. Ich weiß, Sie beten für mich. Ich will, dass Er sich bei mir wohlfühlt, dass Er meine Gefühle nicht beachtet, solange Er Sich gut fühlt, dass Er noch nicht einmal die Dunkelheit beachtet, die Ihn in mir umgibt, sondern dass Jesus trotz allem alles für mich ist und dass ich keinen anderen als nur Jesus liebe.

Offenbar lernte es Mutter Teresa, den lastenden Schmerz ihrer geistlichen Gefühls- und Trostlosigkeit hineinzutragen in ihre Liebe zu Jesus und zu den Armen. Hatte nicht auch der Herr den Reichtum der Gemeinschaft mit seinem himmlischen Vater aufgegeben, um Mensch und uns allen gleich zu werden, um am Kreuz zu rufen: „Mein Gott, warum hast Du mich verlassen"? War sie nicht in den Elenden und Verwahrlosten oft genug Armen begegnet, denen es an weit mehr mangelte als an Nahrung, Kleidung und Gesundheit? Es fehlten ihnen der Glaube an einen guten Gott und die Erfahrung, von Gott gewollt und geliebt zu sein. Auch sie durchlitten „Dunkelheit", vielleicht ohne sich ihrer bewusst zu werden.

Mutter Teresas geistlicher Begleiter Pater van der Peet schreibt bei der Vorbereitung des Seligsprechungsprozesses: „Ich glaube wirklich, dass der Grund, weshalb Mutter Teresa so viel Dunkelheit in ihrem Leben durchmachen musste, darin liegt, dass dies eine größere Identifikation mit den Armen mit sich bringen würde" (21. Februar 2002).

Entweltlichung wurde Mutter Teresa zu einem geistlichen Weg, zu ihrem eigentlichen, ganz persönlichen Ziel. Mutter Teresa starb am 5. September 1997. Ihre Gemeinschaft umfasste bei ihrem Tod weltweit 3914 Professen, heute sind es 5082; damals zählte sie 594 Niederlassungen, im Augenblick sind es 765.

Ursprünglich hatte Mutter Teresa die Armut gesucht, um den Armen nahe zu sein. Armut schien unumgänglich, damit sie die Botschaft der Tröstung durch Gottes Liebe glaubwürdig verbreiten konnte. Sozusagen als letztes Element ihres Armutsgelübdes gab sie dann auch noch ihren kostbarsten Schatz hin: Der Liebe Jesu innerlich sicher zu sein und seine Nähe auch zu fühlen. Der Wille zur Armut hatte sie den Armen total gleich und ganz leer gemacht. Wie sie es ihren Schwestern erläuterte: „Nur wenn wir unser Nichts, unsere Leere, wahrnehmen, kann Gott uns mit Sich selbst erfüllen. Wenn wir voll von Gott geworden sind, dann können wir Gott anderen Menschen geben" (Instruktion an die Schwestern vom 17. Mai 1978).

Schon der Mystiker Meister Eckart wollte leer sein aller Kreatur, um Gottes voll zu sein. Doch kaum ein Mensch hat Entweltlichung mitten in dieser Welt so radikal persönlich gelebt wie diese kleine Selige mit dem großen Herzen für die Ärmsten der Armen, „the poorest of the poor", wie sie immer sagte.

2. Bruder Klaus von Flüe – Aus der geschäftigen Welt in die heilige Ehelosigkeit

Der Rat des Herrn zur Ehelosigkeit um des Himmelreiches willen – zur Jungfräulichkeit, wie es in der theologischen Fachsprache missverständlich heißt – hat schon zu Lebzeiten Jesu irritiert und verwirrt heute umso mehr. Nach Zeiten verklemmten Umgangs mit der Sexualität hat die Gegenbewegung, die alle Hemmungen hinwegschwemmende Sex-Welle, zwar längst ihren Höhepunkt überschritten und eine erotische Ödnis hinterlassen. Doch ein Verzicht auf Sexualität gilt, obwohl die Sexualkontakte wegen der zunehmenden Vereinzelung allgemein eher weniger werden, dennoch nach wie vor als höchst merkwürdig. Gerade das macht diesen Rat für viele – auch für gar nicht kirchliche – Menschen wieder interessant. Ehelosigkeit bedeutete freilich in der Botschaft Jesu nicht bloß Verzicht auf gelebte Sexualität, sondern vor allem die Forderung an seine Jünger, in gewisser Weise „die Welt" zu verlassen, „Häuser oder Brüder, Schwestern, Vater, Mutter, Kinder oder Äcker" (Mt 19,29), also all das, was uns menschliches Wohlwollen und Geborgenheit schenkt. Sich von all dem trennen, Entweltlichung um des Himmelreiches willen?

Tatsächlich hat Jesus Christus selbst das gelebt und den Seinen empfohlen. Für seine jüdischen Zuhörer war dieser Rat womöglich noch unverständlicher, als er es heute für viele Zeitgenossen ist. Im Judentum bestand faktisch eine religiöse Pflicht zu Ehe und Zeugung. Jesu Aufforderung stellt sich also quer zur damaligen Lehre und Gewohnheit. Auch der Schluss des erwähnten Abschnitts aus dem Evangelium: „Wer es fassen kann, der fasse es", lässt noch einmal erkennen, dass eine solche Lebensweise bei den Zeitgenossen Jesu nicht gängig war. Sie bleibt unverständlich, solange nur die Ordnung der Natur, die Ordnung der Welt gilt. Es bedarf letztlich der göttlichen Gnade, damit ein solcher Rat akzeptiert und gelebt werden kann.

Kaum ein Heiliger ist dem Rat Jesu so spektakulär gefolgt wie der heilige Bruder Klaus von Flüe. Sein Lebensweg widerspricht allen weltlichen Maßstäben und aller Vernünftigkeit, sprengt jede bürgerliche Normalität, und gerade das macht sein Leben so spannend.

Nikolaus wurde am 21. März 1417 in Flüeli bei Sachseln im Schweizer Kanton Obwalden geboren. Seine Eltern waren wohlhabende, regsame Bauersleute. Noch heute kann man sein Geburtshaus besichtigen. Schon in seiner Kindheit gab es bei ihm Anzeichen einer besonderen Neigung, sich in die Stille zurückzuziehen. Ein Zeitgenosse, Erni Rohrer, gab nach dem Tod des Heiligen zu Protokoll:

> Damals, als er noch ein ganz junger Knab war, fing er an und fastete all Freitage, hernach alle Wochen vier Tage und die ganze Faste hindurch, sodass er nichts aß, als täglich ein kleines Stücklein Brot oder ein wenig dürre Birnen. Und das tat er heimlich, um nicht damit zu prahlen. Und wenn er deshalb befragt oder von etlichen, die glaubten, er möchte es nicht leiden, getadelt wurde, so sprach er immer, Gott wolle es so haben. Und nach Möglichkeit zog er sich von der Welt zurück und verachtete alle zeitliche Ehre.

Als Heranwachsender machte er eine mystische Erfahrung, die ihn offenbar tief ergriff; „Schauung" nannte man das damals. Seinem Jugendfreund Erni Anderhalden hat er später von dieser „Turmvision" erzählt. Als er 16 Jahre alt gewesen sei, habe er einen hohen, prächtigen Turm in der „Ranft", einem nahen Tal, gesehen. Deshalb sei er von Jugend auf stets willens gewesen, die Einsamkeit zu suchen.

Doch lang war sein Weg heraus aus der Welt, aus Alltag und Öffentlichkeit. Zunächst hatte er seine Bürgerpflichten zu erfüllen. In Obwalden wurden zum Beispiel Soldaten gebraucht, und Nikolaus musste in den verschiedenen Kriegen gegen Zürich mitkämpfen (1440–1444). Dann nahm er als Hauptmann teil an der unrechtmäßigen Eroberung des Thurgaus (1460). Er verhehlte nicht, dass das Morden und Sengen ihn anwiderte. Zeugen hielten fest, dass er kaum eingriff, sich beiseite schlich und betete sowie die Feinde schützte, so gut er konnte. Schon gar nicht unternahm er Straf- und Raubzüge auf eigene Faust. Vielmehr sagte ein anderer Zeitgenosse, Erni van der Halden, er habe „stets die Billigkeit liebgehabt, das Unrecht gestraft und in Kriegen seine Feinde wenig beschädigt, sondern sie nach seinem Vermögen beschirmt". In der ältesten Lebensbeschreibung, die 1501 im Auftrag der Obwaldner Regierung von dem Berner Magister Heinrich Wölflin verfasst wurde, steht:

> Er war der größte Freund des Friedens, doch wo es fürs Vaterland zu streiten galt, wollte er nicht, dass die Feinde wegen seiner Untätigkeit großtun könnten. Sobald deren Kräfte aber zusammengebrochen und überwunden waren, mahnte er nachdrücklich zur Schonung.

Walter Nigg berichtet, dass Nikolaus ein echt bäuerlicher Mensch war: „Es gab keine Arbeit in dieser Zeit, die er nicht gebückten Leibes unternommen hätte." Er stand „mit beiden Füßen mitten im Leben" und „kannte der Erde Glück und Weh aus eigener Erfahrung". Wohl nach den Züricher Kriegen heiratete er Dorothea Wyss – eine hübsche Frau, wie es heißt. Er hat den Schritt in die Ehe wohl kaum getan, um das Familienerbe zu bewahren. Vielmehr suchte er, der Dreißigjährige, nach der ehelichen Gemeinschaft. Seine vitale Natur zeigte sich nicht zuletzt darin, dass seine Frau ihm fünf Söhne und fünf Töchter schenkte. Neben seiner Sorge um Haus und Hof übte er sich zunächst mit dem Vater ein in die Tätigkeit eines Richters und wurde in den Rat des kleinen Kantons Obwalden gewählt. Er hatte in den folgenden Jahren viele Streitigkeiten zu schlichten. Bei den Amtskollegen nahm er empörende Ungerechtigkeiten wahr, die er nicht verhindern konnte.

Von einer Art Amtsekel erfasst, war er eines Tages nicht länger zur Mitarbeit zu bewegen, lehnte die ihm angetragene hohe Stellung des Landammanns ab und legte – wohl nach zwanzigjährigem Wirken – auch die Rats- und Richterstelle nieder. Symptome einer Melancholie oder einer depressiven Veranlagung? Oder noch schlichter: eine „Midlife-Crisis"? Nein, es war mehr im Spiel als Medizin oder Psychologie erklären könnten.

Das Turmerlebnis wirkte nach; es war für eine gewisse Zeit offensichtlich höchstens verdrängt worden und trieb ihn nun um. Er zog es vor, allein zu sein, und erschien anderen als Eigenbrötler. Offenbar gab ihm Gottes Nähe im Gebet den Trost, nach dem er sich sehnte. Selbst während der Nacht wachte er und suchte Gottes Angesicht. Auch Kämpfe mit dem Teufel werden von ihm berichtet. Er selbst sprach von „Belästigung" und „Beschwernis", die ihn quälten.

Es war über ihn gekommen, dass er seines Lebens nicht mehr froh wurde. Sein Biograf Robert Durrer überliefert dazu sein eigenes Geständnis: „Gott wandte die reinigende Feile und den antreibenden Sporn an, d. h. eine schwere Versuchung, sodass er weder tags noch nachts duldete, dass ich ruhig war, sondern ich war so tief niedergedrückt, dass mir selbst die liebe Frau und die Gesellschaft der Kinder lästig ward."

Im qualvollen Umgang mit dieser seelischen Last öffnete sich für Bruder Klaus die große Sendung seines Lebens. Er erkannte sie sozusagen negativ. Er konnte die Dinge der Welt nicht in Gott lieben, sie schoben sich zwischen ihn und Gott. Bis in die Mitte seiner Seele durchlitt er das Wort des Völkerapostels: „Der Verheiratete sorgt sich um die Dinge der Welt; er will seiner Frau gefallen" (1 Kor 7,33). So reifte in ihm der Entschluss, die Dinge und Menschen, die „Welt", zu fliehen. Er brauchte viel Zeit und traf seine Wahl nur schweren Herzens. Das Modell des modernen „Aussteigers", der „alles hinwirft", erklärt ihn nicht. Die Loslösung von Heimat und Familie reifte langsam. Sein bäuerliches Naturell hatte ohnehin etwas Bedächtiges und schloss alles Übereilte aus. Geführt von seinem priesterlichen Freund Heinrich am Grund, fand er zunächst innere Ruhe durch häufige und ausgedehnte Betrachtungen des leidenden Herrn. So quälte er sich zwei Jahre lang ab, bevor er sich zum Weggehen entschied.

Nicht zuletzt galt es, mit seiner Frau Dorothea im Einvernehmen zu bleiben. Sie stand vor der Geburt des zehnten Kindes. Eindringlich und fest widersprach sie, wie es verständlich ist. Sie kämpfte leidenschaftlich für den Fortbestand der Gemeinschaft, die preiszugeben sie nicht gewillt war. Wie die Quellen weiter bezeugen, hatte die Auseinandersetzung eine dramatische Note. Heinrich Wölflin hält fest:

Er gab sich „größte Mühe, sie zu überreden, was aber lange, weil mit der häuslichen Sorge enge verknüpft, umsonst war ... Als er sie immer wieder drängte, gab sie schließlich, widerstrebend und unter vergeblichem Flehen, ihre Zustimmung."

Für Dorothea blieb es ein schwerer Verlust, der das Kreuz ihres Lebens wurde. Wohl hatte Bruder Klaus die Vermögensverhältnisse bis ins Einzelne geregelt und seiner Familie einen ausreichenden materiellen Rückhalt sichergestellt. Sie stand nicht unter der gleichen Nötigung wie er. Warum willigte sie ein? Obwohl sie das geistliche Ringen ihres Gatten kaum nachvollzogen haben dürfte, konnte ihr dessen Kampf nicht gleichgültig sein. So musste sie ihn ziehen lassen – allein aus Liebe zu ihm. Ohne ihre heroische Zustimmung hätte Bruder Klaus seine außergewöhnliche Sendung, für die Gott ihn offenbar ausersehen hatte, nicht erfüllen können.

Die definitive Trennung hat dann alle in der Familie nochmals gründlich erschüttert. Diese Stunde schlug am 16. Oktober 1467. Allerdings sucht man in den Dokumenten vergeblich die Schilderung einer tränenreichen Abschiedsszene. Dennoch braucht es nicht viel Einfühlungsvermögen, den Schmerz nachzuempfinden. Der Schritt des Nikolaus von Flüe hat allein für sich schon genügend anstößige Dramatik, um alle anzurühren – nicht nur die Familie. Schon zu seinen Lebzeiten erschien eine gelehrte Untersuchung, ob jemand vor Gott das Recht habe, Frau und Kind zu verlassen. Noch heute scheiden sich die Geister: Da sind die einen, die den Weggang verteidigen, weil er mit dem Einverständnis der Gattin geschah. Und da sind die anderen, die den Weggang aus dem bürgerlichen Leben verurteilen. Doch weder solches Lob der Verehrer noch der Tadel des Bürgertums können vollständig ergründen, was im Herzen von Bruder Klaus vor sich ging. Die gebrochene Schöpfung, die gefallene Welt genügte ihm nicht mehr. Gottes Geist hatte in diesem Mann den Hunger nach paradiesischer Gottesgemeinschaft geweckt; dem strebte er nach, aus der gewohnten Welt hinaus und dennoch mitten in ihr.

Einige Worte aus seiner eigenen Rechtfertigung weiten den Horizont über das Alltagsverständnis hinaus. Er habe in etwa gesagt: „Fünfzig Jahre habe ich den Mitmenschen gedient und bin durch die Dinge des Lebens hindurchgegangen, der Rest meines Daseins soll allein dem Ewigen gehören." Auch wenn solche Mathematik dem gesunden Menschenverstand nicht genügt: Der Hinweis auf Gott führt weiter. Allein Gottes Anruf gab Bruder Klaus das Recht, die bürgerliche Lebensform zu sprengen und den Schritt aus seiner gewohnten Welt hinaus ins Unbekannte zu tun. Es ist im Wortsinne eine Rechtfertigung nur aus Gott und seiner Gnade. Zehn Jahre nach seinem Weggang, 1475, formulierte Bruder Klaus, wie er jetzt genannt wird:

Wir sollen Gott so sehr lieben, dass wir seinetwegen alle Sünden lassen. Wer die Sünde aufgibt, der entgeht dem Gericht. Das Zweite ist, allen [irdischen] Dingen abzusterben und einfach nur zu leben. Wer allezeit in sich selber stirbt, der hat [darin] einen neuen Anfang seines Lebens. Gott spricht: „Wer mich sieht, der stirbt sich selber und lebt für mich." Die Stätte Gottes und sein Zelt, das ist die liebende Seele.

Selbstverständlich ist die radikale Entweltlichung, für die sich Bruder Klaus entschied, keineswegs ein Lebensmodell für alle Christen. Die „Ehelosigkeit um des Himmelreiches willen" ist vom Herrn selbst nur als „Rat", nie als Verpflichtung bezeichnet worden. Allerdings meint Jesu Wort alle Christen, auch wenn es bei manchem keineswegs, wie bei Ordensleuten, den äußerlich greifbaren Lebensvollzug betrifft. Der Geist dieses Rates kann durchaus auch den Verheirateten lenken und trösten. Wenn sich die gefühlte Sehnsucht nach dem Du nicht voll erfüllt, wenn sich die erhoffte Harmonie nicht einstellt, wenn jemand leidet unter dem, was der Völkerapostel als „Geteiltsein" bezeichnet, dann kann sich auch der schmerzhaft empfundene Verzicht zur größeren Gottesgemeinschaft öffnen – wie bei Bruder Klaus: ohne Schaden für das Du, in wachsender Auslieferung an Gott, der die Liebe ist. Insofern kann es Entweltlichung in jedem christlichen Stand geben.

Um alles zu verlassen, lenkte Bruder Klaus seine Schritte ins Elsass. Es wird vermutet, dass er da einen Neuaufbruch geistlichen Lebens vorzufinden hoffte. Im 14. Jahrhundert war dort eine christliche Reformbewegung entstanden. Männer und Frauen versuchten, das Evangelium auf tiefere Weise zu leben, weil die kirchliche Seelsorge darniederlag. Sie nannten sich die

„Gottesfreunde". Im nahen Straßburg waren sie besonders verbreitet. Offenbar suchte Bruder Klaus ihre Gemeinschaft. So hatte er zwar die Last des Abschieds bewältigt, doch damit wohl noch keineswegs Klarheit für seinen Weg gewonnen. In dem Städtchen Liestal wurde er abermals in eine Krise gestürzt, die aber aus den Quellen nur notdürftig erkennbar ist. Er kam dort mit einem Bauern ins Gespräch und vertraute ihm sein Vorhaben an. Daraufhin soll der ihm, wie die Dokumente berichten, grob gesagt haben, er solle wieder heimgehen zu den Seinen und daselbst Gott dienen. Das würde Gott angenehmer sein, als wenn er anderen, fremden Leuten zur Last falle. Auch wies ihn der Bauer darauf hin, die Eidgenossen seien wegen ihrer Kriegslust bei anderen Völkern verhasst; er tue gut daran, sich nicht ins Ausland zu wagen. So kamen Bruder Klaus ernste Bedenken. Am Abend legte er sich unter eine Hecke. Wieder wurde ihm eine „Schauung" zuteil. Das Städtchen Liestal war – wie sein erster Biograf Wölflin berichtet – in brennendes Rot getaucht. „Ein Strahl vom Himmel umleuchtete den Mann, der dabei einen Schmerz empfand, nicht anders, als ob ihm mit einem Messer der Leib aufgeschnitten wäre, und wie von einem Seil gezogen, mahnte es ihn, in die Heimat zurückzukehren." Er kroch also am frühen Morgen unter der Hecke hervor und war ein anderer geworden – wie nach einer schmerzvollen Geburt. Bruder Klaus deutete den Vorfall als ein Zeichen Gottes, nicht außer Landes zu gehen. Er wanderte den gleichen Weg zurück, den er gekommen war, und kümmerte sich nicht um den Spott, der ihn in Obwalden erwarten würde. Die Quellen berichten, dass er nachts zu Hause eintraf, im Kuhstall nächtigte und sich am Morgen davonschlich, noch bevor die Söhne zum Melken auftauchten. Ohne mit den Seinen zusammenzutreffen, suchte er eine der benachbarten Alpengegenden auf. Bald zwang ihn der Winter, talwärts zu gehen. Er wählte den „Ranfttobel" zu seiner Bleibe, nicht mehr als tausend Meter von seinem Hof entfernt. Dort schuf er sich zunächst notdürftigen Schutz gegen Schnee und Wetter. Dann ließ die Heimatgemeinde ihm eine kleine Kapelle und ein Holzhäuschen bauen. Hier vollzog sich künftig sein Leben in aller Abgeschiedenheit. Nur sonntags verließ er zum Besuch der heiligen Messe in Sachseln seine kärgliche Zelle.

Nicht er ging also zu den Menschen, sondern sie kamen bald zu ihm. Humanisten, Bürgersöhne, kirchliche Würdenträger, Gesandte von Städten und Fürsten suchten ihn auf. Viele stiegen ihm aus Vorwitz nach, denn das Gerede von seinem ununterbrochenen strengen Fasten hatte sie neugierig gemacht. Nach alten Zeugnissen war der Zulauf der Besucher „sehr groß". Solange sie ihn nicht behelligten, verweilte er bei Gott. Das bewegende Gebet, das er uns hinterlassen hat, sagt alles über die Radikalität und Tiefe seiner weltentsagenden Frömmigkeit; es wurde erstmals um 1500 aufgeschrieben:

Mein Herr und mein Gott, nimm alles von mir,
was mich hindert zu Dir.
Mein Herr und mein Gott, gib alles mir,
was mich fördert zu Dir.
Mein Herr und mein Gott, nimm mich mir
und gib mich ganz zu eigen Dir. Amen.

Zunehmend wurde er in politischen Angelegenheiten um Rat gefragt – war er doch selbst als Ratsherr und Richter oft genug mit weltlichen Dingen befasst gewesen. Die Regierungen von Bern, von Luzern, von Solothurn, von Konstanz, ja sogar die Herzöge von Österreich und Mailand erbaten von ihm Lösungen in ihren Schwierigkeiten; die präzisen historischen Dokumente lassen daran keinen Zweifel. Er musste sich schließlich sogar ein eigenes Siegel zulegen, damit seine schriftlichen Antworten als authentisch angenommen wurden. Nach dem Zeugnis des Mönchs Johannes Trithemius († 1516) stand Bruder Klaus „bei den Schweizern in großen Ehren, sie nahmen in allen Zweifeln und verzwickten Fragen zu jeder Zeit ihre sichere Zuflucht zu ihm, und die Ratschläge und Mahnungen dieses Mannes galten ihnen nichts anderes als einst ein Orakel des pythischen Apollo". Was zuerst wie bloße Weltflucht ausgesehen hatte, wurde für Bruder Klaus zu einer inneren Entweltlichung, die dann mitten in dieser Welt höchst reale Früchte trug.

Frieden zu schaffen und zu bewahren – dazu hatte Gott offenbar diesen Einsiedler berufen. „Er lobte sehr den Gehorsam und den Frieden, welchen Frieden zu halten er die Eidgenossen immer ermahnte und auch alle, die zu ihm kommen", heißt es in Robert Durrers Biografie. An dieser Friedensliebe hielt er fest, auch wenn sie durch erfolgreiche Kriege in der Eidgenossenschaft bedroht war. Besonders heftig war der Drang zu den Waffen nach dem Burgunderkrieg, in dem die Schweizer den Feind glorreich geschlagen hatten; denn sie waren ruhmreichem Erfolg nicht gewachsen. Zwischen den Siegern schwelte Misstrauen. Die Urschweizer Kantone, die die ersten Bündnisse geschlossen hatten, verdächtigten die mächtigen Stadtkantone, sie wollten das Übergewicht im Bund an sich reißen. Sie weigerten sich deshalb, auch noch die Stadtkantone Freiburg und Solothurn in den Bund aufzunehmen. Eine Beratung wurde für den Dezember 1481 angesetzt. Sie fand in Stans, dem Hauptort des Kantons Nidwalden, statt. Die Gegensätze prallten mit großer Heftigkeit aufeinander. Zwar schaute alles Volk auf die Beratungen, doch schien das Ende des Bündnisses gekommen. Schlimmer noch: Die Schweiz stand vor einem Bürgerkrieg.

In dieser Stunde erkannte der Pfarrer von Stans, Heinrich am Grund, ein Freund von Bruder Klaus, dass es eines besonderen Mittlers bedürfe, um die Katastrophe zu vermeiden. Er machte sich mitten im Winter sofort auf den vierstündigen, beschwerlichen Weg in die Ranft und trug dem Einsiedler noch in der Nacht vor, welches Verhängnis sich anbahnte. Am 22. Dezember kam der Pfarrer nach Stans zurück. Die Tagsatzungsabgeordneten der Kantone waren im Zorn auseinandergegangen und sattelten die Pferde; der Streit sollte schließlich mit dem Schwert ausgetragen werden. Heinrich am Grund gelang es aber, sie nochmals zusammenzutrommeln. Er beschwor sie, die Verhandlungen wieder aufzunehmen, und überbrachte ihnen eine Botschaft von Bruder Klaus. Nach dessen Vorschlag wurden die vorher bestehenden Sonderbündnisse zwischen bestimmten Städten aufgelöst und die Gleichberechtigung der Landkantone mit den Stadtkantonen anerkannt. Die Gleichheit aller Kantone und die Friedenspflicht untereinander wurden zum Prinzip erhoben. Die geistliche Autorität von Bruder Klaus und die politische Klugheit seines Rates machten es möglich, dass schon bis zum Abend ein Versöhnungswerk zustande kam.

Veranlagung und Erfahrung, mehr noch: Freiheit von aller Anhänglichkeit an die „Welt" und die Bereitschaft zur totalen Überantwortung an Gott hatten Bruder Klaus zum unbezwingbaren Friedensboten gemacht. Die Schweizer Volksfrömmigkeit glaubt, dass er es war, der die Schweizer in all den Jahrhunderten vor Krieg bewahrt hat. Sein Verzicht auf alle Weltlichkeit brachte ihm im Tausch die Gabe eines kostbaren Gutes, das wir besonders dann hochschätzen, wenn wir es entbehren. Menschen wie ihm hatte Jesus in der Bergpredigt zugerufen: „Selig, die Frieden stiften", um solchen dann einen allerhöchsten Ehrentitel zu geben; „denn sie werden Söhne Gottes genannt werden" (Mt 5,9). Diese Zusicherung verankert alle menschliche Anstrengung um gegenseitiges Verständnis in Gott. Wer das Wort Gottes hört, ist verpflichtet zu ernsthaftem weltlichem, womöglich auch politischem Engagement für Versöhnung und Ausgleich unter den Menschen. Im Licht des Glaubens öffnen sich friedliche Gesinnung und Friedfertigkeit aber darüber hinaus auf Gott selbst hin. Er ist es, der umfassenden Frieden gewährt. Und wer seinen Frieden unter die Menschen bringt, wird auch selbst zum Spiegel der paradiesischen Gnade des Anfangs.

3. Charles de Foucauld – Aus der selbstherrlichen Welt in den heiligen Gehorsam

Womöglich noch sperriger als das Wort „Entweltlichung" klingt in heutigen Ohren der Begriff „Gehorsam". Und das zu Recht, hatte der obrigkeitshörige deutsche „Untertan", verblendet vom „Führergehorsam", doch die Welt und sich selbst in die Katastrophe gestürzt. Der ursprüngliche Sinn von Gehorsam wird von solchen Perversionen aber nicht berührt. „Gehorsam" kommt von „Hören". Und wer auf das Wahre, das Gute und das Schöne hört, der versteht, was wirklich wichtig ist, und gewinnt eine Freiheit, die ihn vor jedem sklavischen „Gehorsam" bewahrt. Viele Widerstandskämpfer gegen Hitler sagten, dass sie Gott und ihrem Gewissen mehr gehorchen müssten als dem Tyrannen, und dieser – gute – Gehorsam auf Gottes Wort hin machte sie wirklich frei. Das meinte Sophie Scholl, als sie ihrer Mutter beim letzten Abschied sagte: „Gell, Jesus …". Gott und dem Gewissen gehorsam zu sein, ist eine Form der

Nachfolge Jesu. Denn der Gehorsam dem Heilswillen Gottes gegenüber war das Lebensprinzip des Sohnes Gottes in der Welt. „Wie durch den Ungehorsam des einen Menschen die vielen zu Sündern wurden, so werden auch durch den Gehorsam des einen die vielen zu Gerechten gemacht werden", schreibt der Apostel Paulus im Römerbrief (5,19) über Jesus. Und gegenüber den Philippern spricht er später vom radikalen Gehorsam Jesu in der Erniedrigung bis zum Tod am Kreuz (2,8). Die Christen glauben, dass dieser aus Liebe zu den Menschen in wahrhaft göttlicher Weise geleistete Gehorsam des Gottessohns den ganzen Kosmos erlöst hat, aber auch jeden einzelnen Menschen, der auf Gott hört, der also insofern gehorsam ist.

Es liegt auf der Hand, dass die Bereitschaft zum Gehorsam starken Charakteren mehr abfordert als dem Phlegmatiker. Umso mehr verwundert, dass das Leben des französischen Grafen Charles de Foucauld diese Haltung auf so ausgeprägte Weise zeigt, denn er war eine kraftvolle Erscheinung, nicht ohne Ehrgeiz und Ambitionen. Doch gelangte er durch die Wirrnisse seines Lebens zu der Erkenntnis, dass Selbstgenügsamkeit und Selbstherrlichkeit den Weg zum Glück verfehlen. Er lernte, sich im Gehorsam auf Gottes Zeugen einzulassen, um so Gott mehr und mehr zu erkennen.

Charles de Foucaulds Kindheit war nicht glücklich. Er wurde am 15. September 1858 in Straßburg geboren. Drei Jahre später kommt seine kleine Schwester Marie auf die Welt. Schon bald erkrankt sein Vater gefährlich an Tuberkulose und verlässt die Familie, um sie vor Ansteckung zu bewahren. Die Mutter Marie-Elisabeth findet daraufhin Zuflucht bei ihrem Vater, Oberst de Morlet. 1864 erleidet sie den Tod bei einer Fehlgeburt. Wenig später stirbt der Vater des kleinen Charles, der somit schon mit fünf Jahren Waise ist.

Als 1870 der Krieg zwischen Frankreich und Preußen ausbricht, ist der Junge zwölf Jahre alt. Die Niederlage der Franzosen bei Sedan und der Einmarsch des Feindes in Straßburg erschüttern ihn zutiefst. Der Großvater verlegt den Wohnsitz der Familie nach Nancy, da Straßburg deutsch geworden ist, sodass Charles auch seine Heimat verliert. Menschliche Nähe erfährt er durch seine Cousine Marie Moitessier, die neun Jahre älter ist als er und sozusagen eine zweite Mutter für ihn wird. Doch sie heiratet 1874 Olivier de Bondy – und Charles vergräbt sich nach all diesen Trennungen zunehmend in sich selbst. Er füllt seine Tage mit der Lektüre von Büchern, angefangen bei dem Skeptiker Montaigne bis zu dem aggressiven Christentumskritiker Voltaire. Seine Welt ist das Diesseits, und alles Transzendente verliert sich. Bald braucht er Gott nicht mehr. Er lebt – nach seinen eigenen Worten – „ohne etwas zu leugnen noch etwas zu glauben".

Als Beruf wählt er, für einen Adligen nicht ungewöhnlich, eine Karriere in der Armee. Er sucht die Militärschule von Saint-Cyr aus und bereitet sich zwei Jahre lang in einer Einrichtung in Versailles darauf vor, dort die Aufnahmeprüfung zu machen. „Saint-Geneviève" – so heißt die Kaderschmiede – kennt nur Leistung und Disziplin. Das ist Charles zuwider. Im zweiten Jahr beginnt er, das Leben selbst zu hassen. Er ist jetzt 17 und voller innerer Rebellion. „Ich war ganz Egoismus, ganz Gottlosigkeit, ganz Drang zum Bösen, ich war wie besessen", wird er später bekennen. Er wird wegen Faulheit und schlechten Lebenswandels entlassen. Dennoch strebt er weiter eine Ausbildung in Saint-Cyr an und kann dort im Oktober 1876 tatsächlich die Aufnahmeprüfung bestehen.

Doch seinen Lebensekel nimmt er mit. Sein Verhalten bringt ihm Disziplinarstrafen ein: „schmutzige Kleidung" –

„zu lange Haare". Die anstehende Beförderung wird ihm verweigert. Von Oktober 1878 an folgt dann für ein Jahr die Kavallerieschule von Saumur. Auf der Leistungsliste ist er bei Schulabschluss der 87. von 87 Kandidaten. Er bleibt der bedrückte Lebemann, als er mit zwanzig zum Leutnant der Husaren ernannt wird. In Pont-à-Mousson richtet er sich eine Junggesellen-Wohnung ein, lässt von Paris eine Gruppe von Prostituierten kommen, organisiert Feste für die Kameraden und lebt auf großem Fuße. „Innere Leere, Traurigkeit … Ekel, Überdruss" quälen ihn, wie er in einem Lebensrückblick schreibt. Nach außen hin überspielt er jedoch alle Melancholie durch aristokratischen Hochmut.

Doch eines Tages liest er in der Zeitung, im afrikanischen Oran hätten sich Volksstämme gegen die Soldaten seines Regiments erhoben. Er ist elektrisiert, fährt sofort zum Kriegsministerium nach Paris und wird nach Afrika versetzt. Er will sich vor sich selbst als Ehrenmann beweisen – und gegenüber seiner Familie, die ihn ihre Geringschätzung durchaus hatte spüren lassen. So war in ihm ein starker Geltungsdrang geweckt worden. In den Herausforderungen des Krieges wendete sich dann seine Trägheit in Durchhaltevermögen, sein Nichtstun in Engagement. Und nicht zuletzt hat die Erfahrung der Wüste reinigende Wirkung.

Die Armee erscheint ihm allerdings noch nicht als der rechte Ort, Mannesmut und Kühnheit zu zeigen. Charles hat das Bedürfnis, etwas aus sich selbst heraus zu schaffen. Der Nimbus des Einzelgängers verspricht ihm einen noch überzeugenderen Effekt. So plant er eine geografische Forschungsreise nach Marokko – bislang ein weißer Fleck auf den Landkarten. Er weiß jedoch, dass es große Hindernisse gibt. Nicht als Christ, sondern nur als Jude verkleidet würde er sich unter den

Arabern bewegen können. Die Gefahren für Leib und Leben und die Strapazen sind vorauszusehen. Dennoch unternimmt er nach sorgfältigen Vorbereitungen das Wagnis und durchquert von Juni 1883 bis Juni 1884 das Land. Er macht Notizen und Zeichnungen von allen Orten, die er aufsucht. Zurück in Paris erntet er den erhofften Ruhm: Die „Geografische Gesellschaft" Frankreichs verleiht ihm ihre erste Goldmedaille.

Allein, auch der Applaus der Gesellschaft sättigt den Hunger des jungen Mannes noch nicht. Obwohl zurück in Paris, bleiben ihm afrikanische Szenen vor Augen. Der Islam hat „eine tiefe Erschütterung" in ihm ausgelöst. Er hat die Männer im Gebet gesehen, mitten auf den Straßen Algiers oder in der Wüste auf den Knien liegend. Sie lenken sein Denken über die Welt hinaus. „Der Anblick dieses Glaubens, dieser Männer, die in der ständigen Gegenwart Gottes leben, ließ mich ahnen, dass es etwas Größeres und Wahrhaftigeres gibt als unsere weltlichen Geschäfte", berichtet er später seinem Freund Henri de Castries. Doch auch die Wärme familiärer Nähe tut ihm gut: Onkel und Tante Moitessier nehmen ihn wie einen Sohn auf. Besonders nahe steht ihm, wie schon erwähnt, deren Tochter Marie, die sich sein Leben lang um ihn sorgen wird wie eine ältere Schwester.

Durch die beiden Frauen tritt ein Priester in sein Leben, der uns die heilsame Wirkung eines begnadeten Seelenführers vor Augen stellt: Abbé Henri Huvelin. Er ist zwanzig Jahre älter als Charles, Schüler der berühmten Elite-Hochschule École Normale Supérieure, aber ohne alle Karriere-Ambitionen. Prediger an der Kirche St. Augustin, sitzt er dort stundenlang im Beichtstuhl und unterrichtet junge Interessierte in Kirchengeschichte. Durch die Bekanntschaft mit Marie de Bondy weiß er von Foucaulds Suchen und Kämpfen. Charles geht gelegentlich in diese Kirche und spricht ein Gebet, das er später als „seltsam" bezeichnen wird: „Gott, wenn du existierst, lass mich dich erkennen." In den letzten Oktobertagen des Jahres 1886 sucht er erneut die Kirche auf. Abbé Huvelin ist wieder dabei, das Bußsakrament zu spenden. Charles kommt nicht mit der Absicht, seine Sünden zu bekennen, er möchte lediglich mehr über den katholischen Glauben wissen. Doch der Priester fordert ihn ohne Umschweife zur Beichte auf und bittet ihn anschließend, die heilige Kommunion zu empfangen. Charles gehorcht. Eine totale, bedingungslose Bekehrung vollzieht sich: Der Suchende empfängt von Gott den Glauben und alle Fasern seiner Existenz antworten mit einem definitiven „Ja". Die Wende ist rückhaltlos. Seinem Freund Henri de Castries schreibt er später: „Sobald ich wusste, dass es einen Gott gibt, war mir klar, dass ich nur für ihn leben konnte."

Und er vergisst sein Leben lang nicht, wer es war, der ihm den Glauben an Gott vermittelte. Er schreibt an den Priester später: „Als Sie mich in den Beichtstuhl schickten, haben Sie mir alle Güter gegeben." Der glühende Stolz des weltgewandten Grafen und sein anmaßender Machtwille werden umgewandelt in tiefe Demut und einen einzigartigen Gehorsam. „Der Glaube", schreibt er in seinen in Nazareth verfassten *Meditationen* (1897/98), „ist mit Stolz unvereinbar, mit dem eitlen Ruhm, mit dem Gefallen am Prestige bei den Menschen."

Seine bislang schon hinlänglich wirre Lebensgeschichte wird nun allerdings keineswegs umstandslos in ruhige Bahnen gelenkt. Äußere Vorgänge und innere Kämpfe treiben ihn auch weiterhin immer wieder einmal zu Hektik und Sprunghaftigkeit. Aber in seinem Glauben und in seinem priesterlichen Glaubensboten hat der Ruhelose nun einen festen Lebensanker gefunden – und zwar deshalb, weil sich dieser ambitionierte

Weltmann einem unscheinbaren und zurückhaltenden Abbé widerspruchslos unterordnete. Seine Zukunft suchte Charles nun in einem glaubenden Gehorsam, wie ihn sein Charakter eigentlich nicht erwarten ließ und wie er in dieser Radikalität überhaupt nur selten vorkommt.

In den ersten Monaten nach der Konversion muss der geistliche Führer Abbé Huvelin den stolzen Abenteurer in den Alltag des Lebens und Glaubens zurückholen – eine nach zwölf Jahren anarchischen Vagabundierens nicht eben leichte Aufgabe. Für das eine hilft ihm die Familie Moitessier, das zweite wird durch eine Vertiefung seiner theologischen Kenntnisse erreicht – zumal Charles' Vorstellung vom Christentum mit Elementen aus dem Koran vermischt war und sich mit den biblischen Wundern schwertat. Alles geschieht vorerst ohne viel Aufhebens und in aller Stille. Sein Dasein behält eine neu gefundene Gewöhnlichkeit. Er setzt seine wissenschaftlichen Arbeiten fort. Und es ist eine schwierige Zeit der Einübung in den Gehorsam. Denn Charles wird immer noch von seinen alten Dämonen versucht – nicht von denen des Fleisches, sondern von denen des Ansehens in den Augen anderer. Irgendwann interessiert er sich für einen geeigneten religiösen Orden. Er sucht eine strenge Gemeinschaft und studiert verschiedene Ordensgeschichten und -regeln. Doch Abbé Huvelin rät ihm, sich besser in das Evangelium zu vertiefen.

Hier fängt er schließlich Feuer. Was ihn nach dieser Lektüre nicht mehr zur Ruhe kommen lässt, ist die Person Jesu Christi. Abbé Huvelin weiß seinen jungen Konvertiten zu führen. Er rät ihm zu einer Reise, um die Orte und Wege Jesu kennenzulernen. Jesus hat ja auf Erden unter uns gelebt, sein Menschsein, seine Geschichte und auch die geografischen Spuren seines Erdenlebens können uns zu ihm führen. Charles stimmt schließlich zu, „gegen alle Neigung, allein aus Gehorsam". Von November 1888 bis Februar 1889 durchstreift er das Land des Herrn – eine kürzere Forschungsreise als die nach Marokko, gewiss, aber eine Reise mit lebenslanger Wirkung. Wieder hat sich der Gehorsam gegenüber Abbé Huvelin bewährt. Besonders Jesu Niedrigkeit und die Armut der Heiligen Familie berühren ihn tief. So sucht er nun den Platz, an dem er selbst auch ein solches Leben führen könnte. Mit unvermindertem Eifer wird er selbst das zu verwirklichen trachten, was ihm in Nazareth begegnet ist: die Liebe, die sich erniedrigt. Doch wo kann er dieses Ideal der Selbstverleugnung in Armut in konkretes Leben umsetzen?

Abbé Huvelin macht ein Trappistenkloster aus, das wegen seiner Strenge und wegen der Unwirtlichkeit des Landstrichs bekannt ist: Notre-Dame-des-Neiges, so hoch in der Ardèche gelegen, dass der Winter dort sechs Monate dauert. Drei Jahre des Wartens erlegt der Abbé seinem Konvertiten auf, dann soll der seiner inneren Stimme nachgehen und Ordensmann werden dürfen. „Jeder weiß, dass die Liebe vor allem die Nachahmung will, so blieb mir der Eintritt in den Orden, in dem ich die genaueste Nachahmung fände", schreibt er an Henri de Castries. Der Abschied aus der Welt, von seinen Lieben, am 15. Januar 1890 bereitet ihm unsägliche seelische Schmerzen. Er notiert in sein Tagebuch: „Opfer, das mich alle meine Tränen kostete, wie es scheint, denn von der Zeit an, von dem Tag an weine ich nicht mehr, es scheint, ich habe keine Tränen mehr … höchstens, wenn ich daran zurückdenke … Die Wunden des 15. Januar bleiben immer dieselben … das Opfer von damals bleibt das Opfer jeder Stunde." Entweltlichung wird hier zum existenziellen Ereignis. Doch er ist entschieden. In seinen *Meditationen* von Nazareth (1897/98) betet er: „Durst, dir das größte mir mögliche Opfer zu bringen, indem ich für immer meine Familie verließ, die all mein Glück ausmachte, und von ihr weit wegzugehen, um zu leben und zu sterben."

Neben den vielen Aufzeichnungen und Meditationen, die Charles hinterlassen hat, ist uns ein ausführlicher Briefwechsel mit Abbé Huvelin erhalten. Wegen der örtlichen Entfernung war eine geistliche Begleitung nur schriftlich möglich. Die so entstandenen Niederschriften haben ihr Gutes: Sie entheben den Beobachter der Notwendigkeit spekulativer Vermutungen und führen das weitere Ringen verlässlich vor Augen, in dem der Ordensmann seinen von Gott gewollten Lebensweg aufspürte.

Bald entdeckt er, dass alle Dürftigkeit und Härte, die er in der Ardèche vorfindet, seinen Vorstellungen von Selbsthingabe noch nicht genügen. „Ich habe niemals, auch nicht in den ersten Tagen, in Notre-Dame-des-Neiges das gefunden, was mir vor Augen stand", wird er 1896 an Marie de Bondy, seine Cousine, schreiben. Um sein Ideal zu verwirklichen, bittet er um eine Versetzung in das Trappistenkloster Notre-Dame-du-Sacré-Coeur in Akbès (Syrien), wo er die größere Armut vermutet. Wiederum ist er enttäuscht. In einem der ersten Briefe an seinen geistlichen Führer schreibt er: „Sie hoffen, ich lebte in ausreichender Armut. – Nein, wir sind arm für die Reichen, aber nicht so arm, wie es Unser Herr war, nicht so arm, wie ich in Marokko war, nicht so arm wie der heilige Franziskus … Ich bedaure das, ohne dass es mich verstörte, auch dies nehme ich still und gehorsam an" (5. November 1890). Seine Ernsthaftigkeit lässt mit der Zeit einen anderen Gedanken in ihm wach werden: Er könnte vielleicht selbst eine Gemeinschaft gründen, die von der Armut und Niedrigkeit Nazareths geprägt ist. Im September 1893 trägt er diesen Plan erstmals Abbé Huvelin vor, weil er ihn nur nach dessen Billigung angehen will. Der jedoch hat große Bedenken. Doch wenn jemand glaubt, damit wäre die Sache abgetan, so verkennt er die Willenskraft von Charles – auch wenn sie den Gehorsam aus Glauben niemals abschüttelt. Charles bindet sich zwar durch die zeitlichen Gelübde zunächst an die Trappistengemeinschaft, kann aber sein Vorhaben nicht vergessen. So stimmt sein geistlicher Führer schließlich 1895 Foucaulds Abschied aus dem Orden zu. Er zeigt dabei seine Feinfühligkeit und Seelenkenntnis: „Ich bedaure immer noch, dass das (das Mönchtum bei den Trappisten) nicht sein kann. Es gibt in Ihnen einen zu starken Drang zu einem andern Ideal, und Sie haben nach und nach durch diesen Impuls diese Umgebung hinter sich gelassen und fühlen sich fremd. Ich glaube wirklich, dass Sie den Impuls nicht ersticken können."

Es treibt Charles nach Nazareth. Allerdings steht vorher noch eine einschneidende Gehorsamsprobe an: die erbetene Entlassung aus dem Orden. Obwohl das Kloster ihm Zeiten des inneren Frieden geschenkt hatte, konnte es seinem Lebensideal nicht gerecht werden. Dreieinhalb Jahre hatte er schon auf die Exkardination durch den Generalabt Dom Wyart gewartet. Am 23. Januar 1897 begegnet er endlich dem Vorgesetzten, erläutert dabei jedoch in keiner Weise seine Bitte, sondern bleibt vollkommen stumm. Und auch ohne Erläuterung erhält er die lange ersehnte Freiheit für seinen besonderen Ruf. Dieser so erwünschten Billigung war ein beeindruckender Akt des Gehorsams vorausgegangen. In seiner Nazareth-Meditation vom November 1897 schildert er, wie er sich auf das Treffen vorbereitet hatte. „Bevor der Generalabt diese Entscheidung äußerte, hatte ich Gott versprochen, alles zu tun, was mir der Generalabt nach der Prüfung meiner Berufung, um die es ging, und was mir mein Beichtvater sagen würden. Wenn sie also gesagt hätten: ‚Machen Sie in zehn Tagen Ihre Ewigen Gelübde und lassen Sie sich zum Priester weihen‘, hätte ich mit Freude gehorcht in dem Bewusstsein, den Willen Gottes getan zu haben. … denn wenn man nichts anderes als den Willen Gottes sucht und Vorgesetzte hat, die allein ihn suchen, ist es unmöglich, Seinen Willen nicht zu kennen." In einem Brief fügt er in der eher erschreckenden Kompromisslosigkeit, die ihm eigen ist, hinzu: „Wir wollen uns dem Herrn nicht als Lebendige schenken, da er für uns gestorben ist. Wir wollen uns ihm so schenken, wie er sich uns geschenkt hat, als Tote, als Leichnam: vollkommene Liebe ist vollkommener Gehorsam."

Per Schiff verlässt er am 17. Februar Italien und fährt erneut ins Heilige Land. Durch die Vermittlung eines Franziskaners findet er dort den Weg zu den Klarissen in Nazareth. Die Äbtissin akzeptiert ihn als Hausburschen. Er hat neben der Arbeit alle Zeit, sich mit Jesus zu befassen. Große Freude und Dankbarkeit erfüllen ihn. Besonders die Anbetung der Eucharistie zieht ihn an. Das Sakrament ist im Kloster acht Stunden am Tag ausgesetzt. Es wird der zentrale Bezugspunkt seiner Frömmigkeit. Auch hierin folgt er der Anregung seines Seelenführers. Eine von dessen Predigten aus der Zeit der Bekehrung von Charles, die uns erhalten ist, verkündet die Eucharistie als Gabe, die alles schenkt und uns lehrt, uns zu schenken. „In der Eucharistie gibt uns der Herr alles, er gibt sich selbst uns ganz: Die Eucharistie ist das Geheimnis der Hingabe, sie ist die Gabe Gottes, dort müssen wir lernen zu geben, uns selbst zu geben, denn solange man sich nicht gibt, gibt es keine Gabe … Man muss dieses fortdauernde Geben anschauen, dieses sich hinziehende Geben, das ewige Geben der Eucharistie … Höre ich auf, mich zu geben, wenn ich sehe, wie Er sich gibt, Er, ohne je aufzuhören?"

Abbé Huvelins Briefe des Jahres 1897 enthalten manche Hinweise, warum Charles der Nähe des eucharistischen Herrn bedarf. Er soll ein Leben führen, „das sich in IHM verliert … an ganz unbedeutendem Ort, ganz ausgelöscht, im Schatten einer Kapelle im Dienst der Schwestern, die sich ganz Jesus geweiht haben". So soll er Jesus nachfolgen „in Demut, Armut, Unauffälligkeit, wie er selbst es sein wollte, und unbekannt … ein Leben der totalen Verfügbarkeit". Wieder und wieder muss er Charles anhalten, in diesem Nazareth der Nähe zum Herrn auszuhalten: „Ich stimme zu, dass Sie in Nazareth bleiben … Verlassen Sie Nazareth nicht … es war Gottes Wille, der in Nazareth über Sie wacht … Dies kleine Nest Nazareth, wo Gott Ihnen all die Gaben schenkte … Bleiben Sie! Bleiben Sie in Ihrer Einsamkeit, im Schweigen und in der tiefen Unwichtigkeit … Ich möchte es Ihnen aus ganzem Herzen sagen: Bleiben Sie in Nazareth." Das ist der Tenor der geistlichen Führung während der Jahre 1897–1899. Die Liebe des ihm Anvertrauten ist für Jesus von Nazareth entbrannt. Der Sohn Gottes ist der Einzige, der die Bekehrung dieses Weltmanns zu radikaler Entweltlichung vollenden kann. In einem Brief vom Oktober 1899 begründet der kluge Priester, warum die intime Nähe zu Jesus für Charles mehr ist als das Verkosten von tiefem innerem Frieden. Die Wurzeln der Vergangenheit sind noch stark genug und können die alten Irrtümer wieder wachsen lassen. Er braucht den Herrn, denn „Sie spüren immer noch den Stolz". Selbstgefälligkeit und Ruhmsucht lassen sich nicht durch einen bloßen Willensakt besiegen. Abbé Huvelin rät Charles zur Begegnung mit dem eucharistischen Herrn, damit er gesundet und so für andere zum Echo von Gottes Heilswillen werden kann.

Von seinem Gehorsam gegenüber Abbé Huvelin lässt sich Charles auch in den vielen anderen Fragen leiten, die sich ihm bei der fortdauernden Suche nach seinem Weg stellen: beim Kauf des „Berges der Seligpreisungen", bei der Einsicht in die Berufung zum Weihesakrament, bei der Absicht, an der Grenze zu Marokko eine Einsiedelei zu gründen, bei Errichtung einer Herberge (Zaouia) in der Nähe der Oase Beni Abbès in der algerischen Sahara mit der Hilfe des zuständigen Bischofs Msgr. Guérin, bei dem Plan, eine Ordensgemeinschaft („Die kleinen Brüder Jesu") zu gründen, beim Bau einer Wohnanlage in Tamanrasset in der Sahara, ca. 2000 km südlich von Algier, die als Fluchtburg für die Bevölkerung dienen soll, und schließlich bei der Gründung einer Einsiedelei auf dem Assekrem im Hoggar-Massiv, 60 km nördlich von Tamanrasset.

Abbé Huvelin war für Charles de Foucauld der notwendige geistliche Beistand, um in freiwilligem, radikalem Gehorsam herauszufinden, welche Wege des Lebens und welches Glaubensengagement für ihn von Gott bestimmt waren.

Auf Anregung von Abbé Huvelin hatte Charles zu Pfingsten 1897 in Nazareth angefangen, die Psalmen und die Propheten des Alten Testaments zu kommentieren. An diesem Tag schreibt er: „Denke daran, dass du als Märtyrer sterben musst, aller Dinge beraubt, zu Boden gestreckt, nackt, unkenntlich, mit Blut und Wunden bedeckt, gewaltsam und schmerzhaft getötet … und wünsche, es wäre schon heute! Damit ich dir diese unendlich große Gnade schenke, sei wachsam und trage das Kreuz in Treue." – Inzwischen hatte der Erste Weltkrieg begonnen. Gruppen aus dem Nomadenvolk der Tuareg trieben in der Südsahara mit Raubzügen und Plünderungen ihr Unwesen. Am 1. Dezember 1916 hat Charles ein wenig zu Abend gegessen, als jemand an die Tür seiner befestigten Eremitage klopft. Es ist El Madani, ein Moslem, den der Einsiedler kennt, weil er diesem Armen schon Speisen und andere Hilfe hatte zukommen lassen. El Madani sagt, er bringe die Post, und Charles öffnet ihm, ohne irgendeinen Verdacht zu schöpfen. Dann dringen gegen dreißig Tuareg ein. Charles muss niederknien, ihm werden Hände und Füße gefesselt, und das Fort wird geplündert. Nach dem Abzug der Räuber bleibt ein 15-jähriger Junge allein zurück, der ihn bewachen soll, das Gewehr im Anschlag. Ungefähr zwei Stunden lang ist Charles ihm so ausgesetzt. Dann hört man, dass sich Kamele nähern. Obwohl sie nur zwei harmlose Besucher bringen, denken die Tuareg, es seien französische Militär-Patrouillen. Sie erschießen die Besucher und auch Charles de Foucauld. Gott hat seine Bereitschaft zum Martyrium angenommen.

Das Leben dieses eindrucksvollen Mannes fand in einem vergessenen Winkel der Welt ein erbärmliches Ende. Umso erstaunlicher ist seine Wirkungsgeschichte. Pater Yvon Baudouin war der Berichterstatter im Seligsprechungsprozess. Er notierte: „Nur wenige Kirchenleute und Diener Gottes haben im 20. Jahrhundert in der Presse und anderen Medien ein solches Interesse gefunden wie Charles de Foucauld. Eine Biografie von 1983 zählt 1175 Werke und wichtige Artikel in Zeitschriften und Zeitungen auf, die den Diener Gottes betreffen." Bemerkenswert ist auch, wie viele Gemeinschaften und kirchliche Gruppen sich direkt und indirekt auf seine geistlichen Impulse zurückführen.

Papst Johannes Paul II. stellte den Sahara-Eremiten in eine Reihe mit den ganz großen Gottsuchern und Mystikern, deren sich die Kirche rühmt. Er nennt ihn zusammen mit Franz von Assisi und Katharina von Siena, Teresa von Ávila und Edith Stein: Sie alle sieht er als Beleg dafür an, dass wir Gottes Antlitz nicht schon allein durch unseren angeborenen „Sinn für das

Göttliche" entdecken; vielmehr hätten diese Männer und Frauen erfahren, dass es Christus ist, der uns das Antlitz des Vaters enthüllt. – Benedikt XVI. schließlich nahm Charles de Foucauld am 23. November 2005 in die Zahl der Seligen auf. Die Papstansprache rückte „Nazareth" ins Licht als Symbol für Charles' „Demut und Armut": Vor allem im Ortsnamen Nazareth wird die Radikalität greifbar, mit der der geltungssüchtige Weltmann ganz unwichtig werden und sich in totalem Gehorsam selber vergessen machen wollte. Mit seinem Verweilen in Nazareth lade uns der Selige „zu der universalen Brüderlichkeit ein, die er später in der Sahara lebte, und zu jener Liebe, die Christus uns vorgelebt hat".

Sicher hat Benedikt bei seiner Freiburger Rede auch an vorbildliche Christen wie Mutter Teresa, Bruder Klaus und Charles de Foucauld gedacht, als er am Ende sagte:

> Offensein für die Anliegen der Welt heißt demnach für die entweltlichte Kirche, die Herrschaft der Liebe Gottes nach dem Evangelium durch Wort und Tat hier und heute zu bezeugen, und dieser Auftrag weist zudem über die gegenwärtige Welt hinaus; denn das gegenwärtige Leben schließt die Verbundenheit mit dem Ewigen Leben ein. Leben wir als einzelne und als Gemeinschaft der Kirche die Einfachheit einer großen Liebe, die auf der Welt das Einfachste und das Schwerste zugleich ist, weil es nicht mehr und nicht weniger verlangt, als sich selbst zu verschenken.

Mit alldem werden wir letztlich auf Gott verwiesen, auf Gott, der die Liebe ist. Gott zu verkünden, darin sah Papst Benedikt seine höchste Amtspflicht, zugleich aber ein Herzensanliegen, vor allem was seine deutschen Landsleute betraf. Im Rückblick auf seine Deutschlandreise 2006 hatte er resümiert:

Das große Thema meiner Deutschland-Reise war Gott. Die Kirche muss über vieles sprechen – über all die Fragen des Menschseins, über ihre eigene Gestalt und Ordnung usw. Aber ihr eigentliches und in gewisser Hinsicht einziges Thema ist „Gott": Und das große Problem der westlichen Welt ist die sich ausbreitende Gott-Vergessenheit. Im letzten lassen sich – davon bin ich überzeugt – alle Einzelprobleme auf diese Frage zurückführen. Darum ging es mir in dieser Reise vor allem darum, das Thema „Gott" groß herauszustellen.

Es ist der Gott unseres Herrn Jesus Christus, der uns zur Entweltlichung mahnt. Und Papst Franziskus schließt bei diesem entscheidenden Thema bruchlos an seinen Vorgänger an. In seiner Predigt vor den Kardinälen, die ihn gewählt hatten, in der Sixtinischen Kapelle sagte der Papst am 14. März 2013: „Wenn man Jesus Christus nicht bekennt, da kommt mir das Wort von Léon Bloy in den Sinn: ‚Wer nicht zum Herrn betet, betet zum Teufel.' Wenn man Jesus Christus nicht bekennt, bekennt man die Weltlichkeit des Teufels, die Weltlichkeit des Bösen." Das war Benedikts Vermächtnis und Franziskus' Auftrag: der Aufruf zur Entweltlichung – mitten in dieser Welt.

B. Die Entweltlichung der Kirche in Deutschland
Manfred Lütz

Die katholische Kirche in Deutschland hatte die Freiburger Rede Papst Benedikt XVI. ohne offensichtliche größere Schäden überstanden. Man hatte sie geistreich totgelobt, eifrig totgeschwiegen oder halsbrecherisch uminterpretiert. So hatte man die Bombe entschärft und dafür gesorgt, dass diese Rede außerhalb des Freiburger Konzerthauses keinerlei Wirkung entfalten konnte, und daher passierte als Konsequenz aus dieser letzten großen Rede des deutschen Papstes in Deutschland tatsächlich: nichts!

I. Die Kirche, die Liebe und die Macht – Das Kölner Ereignis

Aber gerade weil nichts passierte, passierte sehr viel. Weil die Kirche in Deutschland einfach so weitermachte, wie bisher, donnerte nun alle paar Monate irgendein Dachbalken herunter als untrügliches Zeichen dafür, dass die Kirche entweder das Programm Benedikts XVI. schleunigst umzusetzen hatte oder mit ansehen musste, wie die oft fassadenhaften und morschen kirchlichen Institutionen nach und nach zusammenstürzten. Im ersten Schritt waren es nicht einmal juristische Niederlagen, die der Kirche zusetzten. Selbst wenn sie vor Gericht wiederholt verlor, wurde der Grundsatz der verfassungsrechtlich gesicherten kirchlichen Freiheit in der Gestaltung ihrer Arbeitsverhältnisse nicht angetastet. Doch das öffentliche Bild der Kirche erlitt schweren Schaden. Wenn die Kirchlichkeit einer Einrichtung nicht dadurch unübersehbar hervorstach, dass hier exemplarisch in liebenswürdigem christlichem Geist mit Menschen umgegangen wurde, sondern bloß noch dadurch, dass ein geschiedener und wiederverheirateter katholischer Arzt entlassen wurde oder eine höchst beliebte, aber nach gescheiterter Ehe zu ihrem Lebensgefährten gezogene Kindergärtnerin die Kündigung bekam, dann beschädigte das die Glaubwürdigkeit einer Kirche, die von sich behauptete, die Gegenwart der Liebe Gottes auf dieser Welt zu bezeugen.

Zum Fanal wurde es schließlich, als durch die Presse ging, dass eine vergewaltigte Frau in Köln von zwei katholischen Krankenhäusern abgewiesen wurde. Es tat dabei nichts zur Sache, dass sich der Sachverhalt am Ende ganz anders darstellte: dass da also nicht eine vergewaltigte Frau zitternd vor einem katholischen Krankenhaus gestanden hatte und nicht aufgenommen wurde, sondern dass einer Notärztin von zwei diensthabenden Ärztinnen telefonisch offensichtlich bedeutet worden war, die forensisch erforderliche Fachuntersuchung einer mutmaßlich vergewaltigten Frau doch bitte nicht in einem dieser katholischen Krankenhäuser, sondern in einer der dafür in Köln vorgesehenen Kliniken durchführen zu lassen. Der internationale Medienhype, der durch die zugespitzte Falschmeldung entstanden war, hatte aber letztlich damit zu tun, dass die diensthabenden Ärztinnen in den beiden katholischen Kliniken offensichtlich so verunsichert waren, dass sie nicht genau wussten, wie sie den schriftlich formulierten Leitbildern dieser katholischen Krankenhäuser am besten entsprechen könnten, ohne deswegen Schwierigkeiten zu bekommen.

Und das hatte mit dem zentralen Problem zu tun. Allein im Erzbistum Köln übt die katholische Kirche über 50.000

Mitarbeiter Arbeitgeber-Macht aus, unter anderem in 54 katholischen Krankenhäusern; und diese Machtausübung betrifft nicht bloß ethische Aspekte der dienstlichen Tätigkeiten, sondern auch die Frage der persönlichen Lebensführung der Mitarbeiter. Da aber in einer zunehmend entkirchlichten Gesellschaft von vornherein klar ist, dass so viele Mitarbeiter von sich aus die katholischen Auffassungen zur Lebensführung und zu ethischen Problemen gar nicht teilen können, ergibt sich die unangenehme Situation, dass sich hier Menschen genötigt sehen, sich katholischen Prinzipien zu unterwerfen, obwohl sie oft persönlich ganz anderer Meinung sind. Das führt nicht nur zu persönlicher Frustration, sondern auch zu einer Atmosphäre der Verunsicherung.

Zwar stand die Frage der Gabe der sogenannten „Pille danach" in dem konkreten Kölner Fall gar nicht zur Debatte, da die Notärztin dieses Präparat bereits aus eigener Verantwortung verordnet hatte. Aber dennoch entzündete sich in der Folge an diesem Problem ein heftiger Streit. Darf man in einem katholischen Krankenhaus einer vergewaltigten Frau ein nidationshemmendes, also nach katholischer Auffassung de facto abtreibendes Präparat geben oder nicht? Die gesellschaftliche Debatte verlief eindeutig. Politiker aller Parteien äußerten sich entschieden, dass in einem Krankenhaus der öffentlichen Versorgung einer Frau nach einer Vergewaltigung notfalls auch mit einer nidationshemmenden „Pille danach" geholfen werden müsse. Der Streit eskalierte. Schon gab es katholische Krankenhäuser, die signalisierten, sich über ethische Bedenken hinwegsetzen und diese Präparate geben zu wollen. Andere katholische Krankenhäuser beabsichtigten dagegen, das Verbot solcher Präparate sogar erneut einzuschärfen. Für viele Mitarbeiter ergab sich eine äußerst unangenehme Situation. Das latente Unwohlsein wurde nun konkret fassbar. Es stand für sie zu befürchten, dass sie in solchen dramatischen Fällen ethische Prinzipien umsetzen mussten, die sie persönlich nicht teilten. Man musste davon ausgehen, dass eben auch die große Mehrheit der Ärzte an katholischen Krankenhäusern der Auffassung war, bei einer vergewaltigten Frau in jedem Fall die „Pille danach" geben zu sollen, egal, ob die nun nidationshemmend sei oder nicht, und einige von ihnen sogar aus Gewissensgründen, wobei man nach der Auffassung des Thomas von Aquin eigentlich selbst dem irrenden Gewissen folgen muss.

In dieser Situation stellte sich glücklicherweise heraus, dass neuere Erklärungen der Fachgesellschaften darauf hindeuteten, dass die in Deutschland als „Pille danach" im Handel befindlichen Präparate gar nicht nidationshemmend, sondern bloß ovulationshemmend wirken. Damit waren sie nach katholischer Auffassung im Falle einer Vergewaltigung vertretbar, was der Erzbischof von Köln, Kardinal Meisner, dann auch öffentlich erklärte. So war das akute Problem zwar zunächst gelöst, die Deutsche Bischofskonferenz schloss sich dieser Sicht an, und die Verantwortung wurde dem einzelnen Arzt zugewiesen.

II. Entweltlichung als Aufbruch – Zwei Päpste, ein Gedanke

Doch das konnte nicht darüber hinwegtäuschen, dass das zugrunde liegende Problem weiterhin ungelöst blieb. Wie kann man als Kirche in einer immer mehr entkirchlichten Gesellschaft weiterhin so viele Arbeitsplätze unterhalten, ohne nicht immer wieder in Konflikte zu geraten und die eigene Glaubwürdigkeit aufs Spiel zu setzen? Müssen hier nicht endlich Konsequenzen gezogen werden, und vor allem: Könnte nicht der inständige Entweltlichungs-Appell Papst Benedikts XVI. in seiner Freiburger Rede und die in die gleiche Richtung weisenden entschiedenen Impulse von Papst Franziskus Auswege weisen?

Dabei wäre es allerdings zu kurz gedacht, Entweltlichung bloß als ein einfaches Abgeben von weltlicher Macht, von Arbeitgebermacht zu verstehen. Entweltlichung, darüber lassen beide Päpste keinen Zweifel, muss vor allem eine Besinnung auf das Wesentliche bringen, muss geistliche Kräfte freilegen. Doch das kann dann auch die Institutionen nicht unberührt lassen.

Papst Franziskus hat die Kirche, die Kardinäle, die Bischöfe, die Priester, alle Gläubigen aufgefordert, hinauszugehen aus der Kirche an die Ränder der Gesellschaft, zu den Armen, den Einsamen, den Leidenden, den Verachteten, aber zugleich an die Grenzen der Existenz, um so den körperlichen und geistlichen Durst zu stillen. Sie sollten nicht bloß Verwalter, Funktionäre sein, die Binnendebatten führten. Bewegung, Dynamik, auf dem Weg sein, das sind die Stichworte, die die ersten Ansprachen des neuen Papstes durchziehen. Kein Zweifel, das betrifft nicht „die anderen", sondern jeden Einzelnen selbst, aber auch jede kirchliche Institution in jedem Land, ganz sicher auch in Deutschland. Und zugleich deutet sich so eine unerwartete Lösung mancher scheinbar unlösbarer kirchlicher Probleme an. Im Lichte der Ziele, die der Papst allen vor Augen stellt und über deren christliche Substanz es keinen Streit gibt, wirken nämlich manche der üblichen innerkirchlichen Kontroversen bemerkenswert blass. Und so könnten sich „Konservative" und „Progressive" plötzlich einträchtig bei der Arbeit am Reich Gottes wiederfinden, weil sie erleben, was wirklich die Substanz des christlichen Glaubens ist, und dadurch ihren Lieblingsthemen nicht mehr so viel Beachtung schenken. Nicht zuletzt ist es das Gebet, das Menschen unterschiedlichster Auffassung vor Gott vereinigen kann: Die „Nightfever" – Initiative, eine missionarische Gebetsinitiative, hat sich vom Weltjugendtag in Köln aus in wenigen Jahren explosionsartig in Deutschland und in der ganzen Welt ausgebreitet. Kardinal Bergoglio sagt in seinem Dialogbuch *(Papst Franziskus. Mein Leben, mein Weg):* „In dem Maß also, in dem die pastoral Engagierten mehr und mehr die Bedeutung der Frömmigkeit des Volkes entdecken, fällt die Ideologie in sich zusammen."

Wer die Entweltlichungs-Rede Benedikts XVI. und die aufrüttelnden Worte von Papst Franziskus ernst nimmt, der wird um die nüchterne Feststellung nicht herumkommen, dass es in der katholischen Kirche in Deutschland dringenden Handlungsbedarf gibt, um aus einer gut verwalteten Kirche eine mit „apostolischem Eifer" (Franziskus) evangelisierende Kirche zu machen, und auch von einer „armen Kirche für die Armen" sind wir noch weit entfernt.

Schon lange gewinnt man den Eindruck, dass die Krise der Kirche in unseren Breitengraden damit zu tun hat, dass von vier Wesensvollzügen der Kirche an der Basis nur noch zwei gelebt werden: Leiturgia (Gottesdienst) – einmal in der Woche

Besuch einer Ritusveranstaltung mit Gleichgesinnten – und Koinonia (Gemeinschaft) – einmal im Jahr Pfarrfest, gemeinsames Linsensuppe-Essen mit Gleichgesinnten. Die anderen beiden nach außen gerichteten Wesensvollzüge, Martyria (Bekenntnis) und Diakonia (caritative Liebestätigkeit) sind an bezahlte Fachleute delegiert, da gibt es Zuständige. Was die Heiligste Dreifaltigkeit ist, das beantwortet der durchschnittliche Christ bei uns nicht mehr selbst – „da müssen Sie mal unseren Pfarrer oder den Pastoralreferenten fragen …“. Man kennt den Glauben kaum noch, und folglich bekennt man sich auch nicht mehr dazu. So akzeptiert man unausgesprochen die gesellschaftliche Auffassung, dass Religion Privatsache sei, obwohl das in Wirklichkeit für Christen nie gegolten hat. Mindestens genauso verhängnisvoll ist, dass für die Caritas nach dem allgemeinen Urteil der Gläubigen inzwischen auch nur noch die gut ausgebildeten Fachleute im Caritasverband da sind. Die Pfarrgemeinden werden damit oft zu reinen Liturgiegemeinden, und es sind vor allem Liturgiethemen, die die Pfarreien umtreiben. Wann ist der Gottesdienst? Wie wird er gestaltet? Wie hat der Pfarrer gepredigt? Die Kirchlichkeit wird dann ausschließlich am Gottesdienstbesuch gemessen. Doch das wäre eine amputierte Kirchlichkeit. Liturgie ist ein Wurzelstock ohne Baum, wenn sie nicht fruchtbar wird im Bekenntnis und in der caritativen Nächstenliebe. Umgekehrt verkommt caritative Tätigkeit ohne die Quelle der Liturgie schnell zu Aktivismus. Ein Bekenntnis ohne die Stärkung aus dem Gottesdienst degeneriert zur reinen Rhetorik. Papst Franziskus sagte in seinem Dialogbuch: „Einer Kirche, die sich darauf beschränkt, die Arbeit in der Pfarrei zu verwalten, die sich in ihrer eigenen Gemeinschaft einigelt, wird das gleiche passieren, wie jemandem, der eingesperrt ist: Er verkümmert physisch und mental. Oder er verfault, wie ein abgeschlossenes Zimmer, in dem sich Moder und Feuchtigkeit ausbreiten. (…) Der Hirte, der sich einschließt, ist kein wirklicher Hirte der Schafe, sondern einer, der seine Zeit damit verbringt, ihnen ‚Löckchen zu drehen‘, anstatt andere Schafe zu suchen.“

Für Papst Franziskus ist offensichtlich eine auf diese Weise gut verwaltete Kirche nicht die Lösung, sondern das Problem. Er fordert eine dienende Kirche. Das gilt auch für das Amtsverständnis der Bischöfe, Priester und Diakone, die allen Christen demütig dienen sollen auf ihrem Weg zu Christus. Kardinal Bergoglio fordert Respekt vor den Laien, denn „häufig klerikalisieren die Pfarrer die Laien, und diese verlangen auch noch danach. Und das ist eine sündhafte Komplizenschaft. Die Laien besitzen aber eine Kraft, die nicht immer in rechter Weise genutzt wird. Vergegenwärtigen wir uns nur: Dafür, dass man auf die Menschen zugehen kann, kann es schon genügen, dass man die Taufe empfangen hat“. Zuständig für Bekenntnis, Verkündigung und die Sorge um die Armen und Ausgestoßenen ist also jeder Christ durch Taufe und Firmung, dafür braucht man keine besondere Zuständigkeit und keine Weihe.

1. Entweltlichte Verkündigung, begeisterndes Bekenntnis – „Theologensprache ist unverkäuflich“

Wie Benedikt XVI. hat auch Papst Franziskus vor allem die Agnostiker und Atheisten im Blick, wenn er alle Christen auffordert, aus den Kirchen heraus und mit ihrem Christusbekenntnis auf die Menschen zuzugehen. „In der gegenwärtigen Situation … muss die Kirche ihre Strukturen und pastoralen Vorgehensweisen verändern und auf ein missionarisches

Wirken hin orientieren" sagt Kardinal Bergoglio in seine. Dialogbuch. Wenn er kurz vor seiner Wahl zum Papst vor. theologischem Narzissmus spricht, dann gerät die leidige Theologensprache ins Visier, die zwar eine geschlossene Welt von fachlichen Assoziationen aufruft, aber ganz normale Menschen nicht mehr erreicht.

Solange diese Spezialsprache auf den wissenschaftlichen Austausch beschränkt bliebe, wäre nichts dagegen einzuwenden. Aber inzwischen prägen Ausdrucksweisen wie „sich einlassen auf", „ein Stück weit", „immer wieder neu", „im Heute" nicht nur Predigten, sondern auch das Gespräch zwischen Christen. Für Außenstehende fühlt sich allein schon eine solche Sprache fremd an. „Theologensprache ist unverkäuflich", sagten mir Buchhändler, als ich mich anschickte, ein Buch für Atheisten über Gott zu schreiben (*Gott – Eine kleine Geschichte des Größten*), und ich bin überzeugt, dass der Erfolg dieses Buches damit zusammenhing, dass ich es vorher von unserem Metzger auf Verständlichkeit lesen ließ. Wenn es um Existenzielles geht, zum Beispiel um den Glauben an Gott, ist alles, was Metzger nicht verstehen, auch nicht wirklich wichtig. Predigten müssten heute in einer so alltäglichen Sprache formuliert sein, dass der Zuhörer das Gehörte sofort seinem atheistischen Nachbarn weitersagen könnte. Kardinal Walter Kasper hat einmal davor gewarnt, die Theologen sollten sich nicht wie die „Geheimräte Gottes" gebärden. Eine Theologie, die mit der Anstrengung des Begriffs dem einfachen Glauben einfacher Menschen dient und sich nicht in Expertenstolz erhebt, hilft einer verkündenden Kirche, die aus sich selbst hinausgeht und eben nicht – wovor Papst Franziskus warnt – bloß noch als „weltliche Kirche" in sich, von sich und für sich lebt. Papst Benedikt XVI. hat das mit seiner ersten Enzyklika *Deus caritas est* vorgemacht, in der er in einfacher Sprache, für jeden Atheisten verständlich, das Wesentliche des christlichen Glaubens dargestellt hat. Und in seinen drei Büchern über Jesus von Nazareth hat er versucht, aus den für Nichttheologen kaum verständlichen theologischen Streitigkeiten der vergangenen Jahrzehnte das bleibend Gültige, was wir über Jesus Christus wissen und was wir von ihm glauben, für Nichtfachleute verständlich zu machen. Auch der *Youcat*, der Jugendkatechismus der katholischen Kirche, der von deutschen Autoren verfasst und inzwischen drei Millionen Mal in über 30 Sprachen verkauft wurde und der den Glauben allgemeinverständlich und vor allem für Jugendliche ansprechend darstellt, wäre ohne die aktive Förderung durch Benedikt XVI. nie ein solcher Erfolg geworden.

All das sind Aufbrüche aus kirchlicher und theologischer Enge mitten in die Welt hinein. „Das heißt natürlich nicht, sich aus der Welt zurückzuziehen, sondern das Gegenteil", hatte Benedikt in Freiburg betont, als er für Entweltlichung plädierte. Entweltlichung verlangt eine von fachlichen Eitelkeiten und Rechthabereien befreite, dienende Theologie, die allen Christen hilft, ihren Glauben zu verkünden, eine Theologie, die interessiert nach schon jetzt funktionierenden Initiativen Ausschau hält, die von engagierten Christen an der Basis erfolgreich umgesetzt wurden. Da sind zum Beispiel die Stadt- und Gemeindemissionen zu nennen, die vielen Menschen den Weg zum Glauben gezeigt haben, und viele andere gute Projekte. Dazu können dann auch professionelle Erfahrungen aus anderen Bereichen genutzt werden, doch stets so, dass klar bleibt: Man kann niemandem den christlichen Glauben mit irgendeiner Methode geschickt aufnötigen, wie es in der Welt die Werbung bei gewissen Produkten mit Erfolg tut, denn letztlich ist es der Heilige Geist, der den Glauben bewirkt. Eine auf diese Weise hörende und helfende Theologie könnte klarmachen, dass die Verkündigung des christlichen Glaubens ein Unterschied ist, der einen Unterschied macht, damit niemand dem Irrtum verfällt, es gehe dabei bloß um die Anwerbung weiterer Vereinsmitglieder. Eine solche dienende, also subsidiäre Haltung müsste auch die kirchlichen Amtsträger beseelen, die Pastoralteams vor Ort, die nicht wie weltliche Leitungsteams machtvoll bestimmen, sondern sich in den Dienst der engagierten Christen der Gemeinde stellen sollten. So eine Haltung setzt ein vitales geistliches Leben voraus, für das den Bischöfen, Priestern und Diakonen die Brevierpflicht eine Hilfe ist. Doch auch hauptamtliche Laienmitarbeiter können ohne geistliches Leben der Gefahr erliegen, die kirchliche Tätigkeit nur noch als Organisationsproblem misszuverstehen. Entweltlichung in der Gemeinde müsste also bedeuten, dass immer dann, wenn allzu menschliche Geschäftigkeit und Vereinsmeierei herrschen, das Herrenwort beherzigt wird: „Bei euch soll es nicht so sein."

Entweltlichung dürfte dann aber auch heißen, dass es keine Verkündigung gegen Bezahlung gibt, sondern nur aus Überzeugung. Nur Begeisterte können begeistern. Gewiss: Auch bezahlte kirchliche Mitarbeiter können verkündigen, aber das, wofür sie bezahlt werden, ist streng genommen nicht die Verkündigung selbst, sondern ihr professioneller Einsatz dafür, Verkündigung zu ermöglichen. Und wenn man schon glaubt, als Kirche Arbeitsplätze im Verkündigungsbereich finanzieren zu sollen, so wird man da nur so viele Arbeitsplätze anbieten dürfen, wie es christlich überzeugte Menschen gibt, die diese Arbeitsplätze einnehmen können.

Katholische Kindergärten machen nur Sinn, wenn es katholische Kindergärtnerinnen gibt, die mit den Kindern das

Vaterunser wirklich beten und es nicht bloß aufsagen können. Auch wenn die Kirche alle Anstrengungen unternehmen muss, um möglichst viele überzeugte Katholikinnen und Katholiken für einen solchen Beruf zu begeistern, damit sie Kindern von klein auf den Zugang zum Glauben ermöglichen kann, so wäre es heute eine Illusion, zu meinen, man könne bei uns noch flächendeckend katholische Kindergärten vorhalten. Es muss in jeder Region eine angemessene Wahlfreiheit für Eltern, aber auch für Kindergärtnerinnen und Kindergärtner geben, sich für einen katholischen oder einen anderen Kindergarten zu entscheiden. Bekanntlich ist freilich der Staat aus verschiedenen Gründen daran interessiert, der Kirche Kindergärten und andere Einrichtungen anzubieten und dafür sogar die gesamten Kosten zu übernehmen. Doch wie Jesus bei den Versuchungen in der Wüste dem Angebot des Satans, ihm alle Reiche der Welt zu eigen zu geben, widerstand, so muss auch die Kirche darauf achten, nicht leere weltliche Macht auszuüben. Wenn sie als Arbeitgeber Macht über Mitarbeiter ausüben will, die sich in Wirklichkeit mit ihr gar nicht identifizieren wollen, gewinnt sie geistlich nichts, aber schadet ihrer Glaubwürdigkeit. Die Journalistin Eva Müller hat diese für alle Beteiligten belastende Situation sehr fair und ausgezeichnet recherchiert, in einem beeindruckenden Fernsehfilm und in einem Buch mit dem Titel *Gott hat hohe Nebenkosten* dargestellt. Sie liefert dabei nicht eine der üblichen aggressiven Kirchenkritiken, sondern lässt die kirchliche Position jeweils ausführlich zu Wort kommen, zeigt dadurch aber umso klarer das Dilemma auf, das heute besteht. Das alles gilt nicht nur für Kindergärten, sondern auch für Schulen, die für eine Kirche, die junge Menschen im Glauben prägen will, natürlich ebenfalls ein unbestreitbar wichtiges Tätigkeitsfeld sind.

Schließlich ist darauf zu achten, dass nicht kirchliche Verwaltungen mit dem Habitus hierarchischer Macht allzu weltlich daherkommen und auf diese Weise abschreckend wirken. Das gilt schon im Kleinen. Kardinal Bergoglio hatte diese Gefahr im Blick, als er davor warnte, das könne dazu führen, „dass jemand, der zur Pfarrei geht, um ein Sakrament zu erbitten oder aus irgendeinem anderen Grund, nicht auf den Priester, sondern auf eine Pfarrsekretärin trifft, die in manchen Fällen vielleicht auch noch ziemlich unfreundlich ist." Er berichtet, in einer Diözese habe es eine Sekretärin gegeben, die von den Gläubigen „die Giftspinne" genannt worden sei. „Das Problem ist, dass solche Leute nicht nur die Menschen vom Pfarrer und von der Pfarrei wegscheuchen, sondern auch von der Kirche und von Jesus. Wir dürfen nicht vergessen, dass für viele Menschen die Pfarrei in der Nachbarschaft ‚die Zugangspforte' zur katholischen Religion ist. So wichtig ist das."

Es zeigt sich also, dass Entweltlichung ein anspruchsvolles, sehr konkretes Programm ist, das nicht nur die einzelnen Christen, sondern auch das Gesicht der verfassten Kirche hierzulande gravierend verändern könnte.

2. Entweltlichte Caritas – Wie das Mitleid erfunden wurde

Die bei Weitem meisten kirchlichen Arbeitsplätze in Deutschland gibt es freilich im Bereich der Caritas, und daher ist es notwendig, diesen wichtigen Bereich besonders gründlich zu untersuchen. Caritas ist Ausdruck kirchlichen Wesens, sie ist kein kirchliches Hobby, keine Nebensache, sondern unaufgebbarer Teil kirchlicher Tätigkeit. In kommunistischen Ländern, in denen zwar Gottesdienste gehalten werden durften, aber eine caritative Tätigkeit der Kirche untersagt war, hatten Christen daher keine wirkliche Religionsfreiheit. Man darf hier also nicht das Kind mit dem Bade ausschütten und Entweltlichung als Aufforderung missverstehen, die gesamte institutionalisierte kirchliche Caritas zu liquidieren und sich bloß noch auf Gottesdienstfeiern und Seelsorge zu konzentrieren. Aber gerade um die so notwendige Caritas zu erhalten und womöglich zu beleben, ist eine Besinnung auf die eigentliche Bedeutung der Caritas erforderlich, um daraus realistische Konsequenzen für die deutsche Situation zu ziehen.

Man hat gesagt, nicht nur die Juden hätten den Sabbat gehalten, sondern der Sabbat habe die Juden gehalten. Tatsächlich gab es über die Jahrhunderte der Zerstreuung kein organisatorisches Band, das alle Juden des Erdkreises zusammenhielt. Doch an jedem Sabbat waren sie sich bewusst, dass wie sie selbst alle Juden der Welt diesen Tag feierlich begingen. Das Einhalten des Sabbatgebots bewahrte die Juden vor dem Verlust ihrer Identität.

Auch für Christen ist das Einhalten des Sonntagsgebots wichtig, um den Glauben treu zu bewahren und der Kirche wirklich mit Leib und Seele anzugehören. Denn eine bloße Überzeugungsmitgliedschaft gibt es in der Kirche nicht, man muss auch leibhaftig Christ sein. Doch hatte die christliche Religion von Urzeiten an neben dem Gottesdienst noch ein anderes besonderes, identitätsstiftendes Wesenselement. Merkwürdigerweise fanden die Archäologen in Ägypten neben den christlichen Gottesdiensträumen stets einen zweiten Raum. Und bald wurde klar: Dieser Raum war für die kirchliche Sorge um die Armen und Bedürftigen da. Die kirchliche Liebestätigkeit war zusammen mit dem Gottesdienst immer ein unverzichtbarer Bestandteil der Kirche. Die Kirche war immer schon Kirche für die Armen.

Für uns heute mag es selbstverständlich klingen, dass Religion immer auch einen sozialen Aspekt hat. Aber für die damalige Zeit war das keineswegs so. Das „Mitleid", wie wir es heute kennen, war sozusagen eine christliche Erfindung. Im heidnischen Umfeld galten Schwache, Behinderte und Hilfsbedürftige als vom Schicksal Geschlagene, denen man nichts schuldig war. Es war nicht gut, sich mit Menschen gemein zu machen, denen offensichtlich die Götter nicht hold waren. Die Spartaner hatten keinerlei Bedenken, schwächliche Kinder im Taygetosgebirge auszusetzen, und auch den Römern war Mitgefühl für Notleidende fremd. Man tat etwas für die „Plebs", um sie ruhig zu halten, gab „Brot und ewiges Festspiel" zur Bespaßung der stets zum Aufruhr aufgelegten Massen. Doch das tat man fürs eigene Wohl und für die eigene Sicherheit, man tat es letztlich aus Egoismus.

Und da kamen plötzlich diese Christen. Sie glaubten an einen Gott, der aus Liebe zu den Menschen am Kreuz gestorben war. Lächerlich wirkte das auf manche Römer der ersten Jahrhunderte. Auf dem Palatin in Rom hat sich eine Spottkritzelei erhalten, die einen gekreuzigten Esel zeigt. Doch gerade die Notleidenden wandten sich dem Christentum zu – und auch manche hochgestellte Persönlichkeiten, denen die geistliche Öde der völlig verweltlichten römischen Schickeria keine Antwort auf ihre tieferen Fragen gab. Das Bekenntnis zu dem einen Gott, der die Liebe ist, ergriff bald alle Schichten des Römischen Reiches und schien die sakralen Fundamente der den Römern so heiligen Staatsmacht zu untergraben. Doch auch Verfolgungen konnten gegen die neue Religion nichts ausrichten. Entweltlichung, das hieß für Christen in diesen gefährlichen Zeiten, notfalls die Bereitschaft zu haben, sich der gotteslästerlichen Verstrickung in die machtvolle römische Welt um den Preis des Martyriums zu widersetzen. Als schließlich Kaiser Konstantin das Christentum tolerierte und förderte, da schien einem weiteren Aufstieg dieser merkwürdigen menschenfreundlichen Religion nichts mehr im Wege zu stehen. Doch Kaiser Julian, den man später den Apostaten, den Abtrünnigen, nannte, fiel kaum zwanzig Jahre nach dem Tod Konstantins wieder vom Christentum ab und versuchte, die alten heidnischen Götter erneut zu Ehren zu bringen. Und er ergriff dabei Maßnahmen, die viel über den Ruf des damaligen Christentums aussagen. Er bemühte sich nämlich, den heidnischen Kult mit der Sorge für Notleidende zu verbinden, denn er hatte wohl bemerkt, wie sehr die Menschlichkeit der neuen Religion das Volk im Herzen ansprach. Doch der Versuch Julian Apostatas blieb Episode. Das um Nächstenliebe ergänzte Heidentum war eine Chimäre, der keine Fruchtbarkeit beschieden war. Durch seine hektischen Maßnahmen bestätigte Julian allerdings: Es war nicht zuletzt die Sorge um die Notleidenden, die entwaffnende christliche Nächstenliebe, die Caritas, die das Heidentum siegreich überwand.

Verweltlichung drohte nach der Konstantinischen Wende freilich auf andere Weise. Christ zu sein, war von jetzt an nicht mehr gleichbedeutend mit der Bereitschaft, Nachteile für dieses Bekenntnis in Kauf zu nehmen. Christ zu sein, das war plötzlich von Vorteil. Konstantin und seine christlichen Nachfolger bevorzugten Christen bei der Besetzung der Schlüsselpositionen im Römischen Reich, und nun lief das Christentum Gefahr, selbst zu verweltlichen. Das probate Mittel gegen diese tödliche Gefahr war die Zölibatsbewegung, die, befeuert von den ägyptischen Mönchen, das ganze Reich erfasste und die seit den Aposteln geschätzte Ehelosigkeit um des Himmelreiches willen zum leuchtenden Zeichen der Freiheit der Amtsträger von allzu weltlicher Verstrickung machte.

Als dann die dunklen Zeiten der Völkerwanderung über das Römische Reich und auch die Kirche hereinbrachen und die alte Welt und ihre institutionellen Strukturen zusammenstürzten, da war es vielerorts gerade die kirchliche Caritastätigkeit, die die Präsenz des Christlichen aufrechterhielt und damit bewies, dass die Christen nicht von der Welt, aber für die Welt da waren. Nicht zuletzt waren es die Benediktinerklöster, die Notleidenden Gastfreundschaft (hospitalitas) gewährten. In den Krisenzeiten der Kirche zeigte sich immer gerade in der uneigennützigen christlichen Sorge um die Armen und Kranken neues hoffnungsvolles kirchliches Leben.

Das Hospital zum Heiligen Geist, in den geistlich mageren Jahren der Renaissance in Rom errichtet, macht mit seiner Nähe zu Sankt Peter die Zusammengehörigkeit von Gottesdienst und Caritas sinnfällig. Und so ist es nicht übertrieben, gerade für Zeiten kirchlicher Not festzustellen: Nicht die Kirche hat die Caritas getragen, die Caritas hat die Kirche getragen.

Als es dann auf dem Konzil von Trient um eine Reform der Kirche an Haupt und Gliedern ging, wurde den Bischöfen die Sorge um die Armen und Bedürftigen, also die kirchliche Caritastätigkeit, noch einmal ganz ausdrücklich zur strengen Pflicht gemacht. Zwar blühte die kirchliche Caritastätigkeit im 17. Jahrhundert noch einmal auf, als der umtriebige heilige Vinzenz von Paul erstmals in großem Stil den Frauen die Möglichkeit freier sozialer Tätigkeit eröffnete und damit als einer der Ersten systematisch die Emanzipation von Frauen beförderte. Doch im 18. Jahrhundert erlahmten die geistlichen Kräfte der Kirche, und sie passte sich der Welt in jeder Hinsicht an.

Bischöfe hielten prachtvoll Hof und standen in ihrer Prunksucht keinem weltlichen Fürsten nach. Das Papsttum war ein Schatten seiner selbst und hatte nach und nach den Einfluss auf fast alle Länder Europas verloren. Zuletzt hatten sich noch die politisierenden Kurfürsterzbischöfe des Heiligen Römischen Reiches Deutscher Nation de facto vom Papst losgesagt. Und als Papst Pius VI. in der Gefangenschaft französischer Revolutionstruppen starb, da hielt man das Ende dieser scheinbar völlig verweltlichten katholischen Kirche für gekommen.

In Deutschland kam es zur Enteignung der kirchlichen Institutionen, der Säkularisation. Die jahrhundertelange Verwobenheit der Kirche, insbesondere auch der Bischöfe, mit den weltlichen Mächten wurde schlagartig zerrissen. Manches in dem alt und müde gewordenen Reich mit ihrer alt und müde gewordenen reichen Kirche erinnert an die gut organisierte katholische Kirche im Deutschland unserer Tage. Das Säbelrasseln eines jungen, ungestümen Korsen hatte damals ausgereicht, um all die Klöster und frommen Stiftungen, die wohldotiert die Armenpflege organisiert hatten, fast lautlos in sich zusammenstürzen zu lassen. Es gab kaum Widerstand, denn hinter den prachtvollen Fassaden war es offensichtlich seit Langem schon geistlich ziemlich leer. Die Säkularisation war eine Katastrophe für die Kirche – hätte man meinen können.

3. Entweltlichung als Chance – Wie der Heilige Geist den Überblick verlor

Doch was nun geschah, war atemberaubend. Unter der Asche des vernichteten katholischen Institutionswesens zeigte sich die Glut echter christlicher Glaubenskraft. Da es keine organisierte Hilfe für Arme und Leidende mehr gab und solidarisch finanzierte Krankenversicherungen noch unbekannt waren, regte sich die uneigennützige christliche Nächstenliebe bei vielen Christen unmittelbar. Man musste selber anpacken. Ohne größere Organisation folgten überall junge katholische und evangelische Christen der Stimme ihres Gewissens, holten Kranke und Sterbende von der Straße und sorgten für Bedürftige und Arme. Erst im Laufe der Zeit schlossen sich die jungen katholischen Frauen und Männer gewissen Ordensregeln an, sodass im 19. Jahrhundert so viele Ordensgemeinschaften entstanden wie in keinem Jahrhundert zuvor und manche unkten, sogar der Heilige Geist habe da den Überblick verloren. Auf diese beeindruckenden geistlichen Früchte der gewaltsamen Entweltlichung der Kirche durch die Säkularisation hat Papst Benedikt XVI. in seiner Freiburger Rede ausdrücklich hingewiesen. Und tatsächlich bekam man die beste Krankenpflege in dieser Zeit von katholischen Ordensschwestern. Der Ruf dieser Ordensfrauen war legendär. Es waren Zeiten, in denen Christen sichtbar auf die Not der Zeit antworteten, Zeiten, in denen die Not Aufgaben stellte und diese Aufgaben Menschen suchten. Und diese Menschen bauten Institutionen auf, um diese Aufgaben zu bewältigen. Imposant ragen sie noch heute in den Himmel, die großen neugotischen Krankenhausburgen, die von einer ungeheuren sozialen Leistung so vieler uneigennützig wirkender Ordensleute künden. Nicht in den verschwörerischen Zirkeln von Marxisten und Anarchisten wurde im sozial aufgewühlten 19. Jahrhundert den Ärmsten der Armen wirklich geholfen, sondern das verbreitete Massenelend wurde vor allem von Tausenden von unermüdlich tätigen katholischen und evangelischen Christen wirksam bekämpft.

Doch dann trat in der zweiten Hälfte des 20. Jahrhunderts erneut eine Krise der kirchlichen Institutionen ein, die diesmal von innen heraus kam und erneut vor allem die Caritaseinrichtungen traf. Zwar standen die machtvollen Gebäude immer noch da, zwar hat man hier weiter Kranken geholfen. Aber als der Ordensnachwuchs nachließ und in vielen Gemeinschaften ganz ausblieb, da wandelte sich das Bild der Mitarbeiterschaft. Aus den für Gotteslohn tätigen, um des Himmelreichs willen ehelos lebenden Christen wurden mehr und mehr „Beschäftigte", die – zu Recht – bezahlt werden. Das hatte nicht nur mit der allgemein zunehmenden Scheu zu tun, sich in Ehe oder Ordensberuf ein Leben lang verpflichtend zu binden. Das hatte auch andere Ursachen. Manche Orden bemerkten nämlich zu spät, dass sie nicht einfach so weitermachen konnten wie bisher. Gewiss, die Mauern, in denen sie wirkten, waren immer noch dieselben, und sie hatten sich oft intensiv und engagiert um den Wiederaufbau dieser Mauern nach den Zerstörungen des Zweiten Weltkriegs gekümmert.

Doch es wurde übersehen, dass die Tätigkeiten in den Krankenhäusern inzwischen schleichend einen ganz anderen Charakter angenommen hatten. Im 19. Jahrhundert galt die Sorge den notleidenden Menschen, die vor der Einführung einer wirksamen Kranken- und Sozialversicherung ihrem Schicksal hilflos und oft mittellos ausgesetzt waren. Inzwischen aber war diese Aufgabe in einem immer besser funktionierenden Sozialstaat gut organisiert. Die alten Hospitäler waren längst nicht mehr Orte, an denen man für Gotteslohn notleidende Menschen aufnahm und liebevoll bis zum Tod pflegte. Diese Häuser wurden vielmehr zu medizinischen Reparaturbetrieben, die erfreulicherweise immer professioneller und technisch perfekter arbeiteten und in denen die therapeutische und ökonomische Effizienz größere Bedeutung gewann. Und plötzlich fand sich die Kirche wieder mitten ins weltliche Getriebe verstrickt.

Das musste auf die in solchen Krankenhäusern tätigen Orden grundstürzende Konsequenzen haben. Auf Ehe und Familie zu verzichten, um notleidenden, kranken und sterbenden Menschen liebevoll beizustehen, das kann zweifellos als sinnvoll erlebt werden. Aber warum soll eine junge Frau auf Familie und Kinder verzichten, um einem womöglich arroganten Chefarzt steriles Besteck bei der Operation anzureichen? Recht besehen war es also kein Wunder, warum die an solchen Krankenhäusern tätigen Orden keinen Nachwuchs mehr bekamen.

Für die Kirche ist das Absterben solcher Gemeinschaften allerdings nie eine Katastrophe, sondern eher ein Gestaltwandel. Die im 19. Jahrhundert gegründeten Ordenskongregationen haben kraftvolle Antworten auf die damalige Not geben können. Heute sind es neue geistliche Gemeinschaften, die sich als Antwort auf die geistliche Not unserer Tage entwickelt haben und vor allem junge Menschen wieder vom Glauben und von der Kirche begeistern. Nachdem das Gesundheitswesen heute endlich selbstverständlich als allgemeingesellschaftliche Aufgabe verstanden wird, ist die Kirche hier nicht mehr auf allen Ebenen so nötig, wie sie es noch im 19. Jahrhundert war. So könnte sie ihre Kräfte mehr auf die neuen Nöte konzentrieren, vor allem da, wo die menschliche Kälte in unserer Gesellschaft für manchen unerträglich wird. Orte solcher Not sind aber oft nicht mehr die großen Krankenhäuser, das sind vielmehr kleinere Einrichtungen, Hospize zum Beispiel, in denen sterbende Menschen liebevolle Aufnahme finden.

III. Entweltlichung als Lösung – Die Karosserie ist zu groß für den Motor

Der Begründer der deutschen Hospizbewegung war Pfarrer Paul Türks in Aachen. Er war ein Ordensmann, Oratorianer, und auch andere frühe Hospizinitiativen kamen aus den katholischen Orden. Für solche Gemeinschaften interessierten sich auch wieder vermehrt junge Menschen. Denn auf Ehe und Familie zu verzichten, um sterbenden Menschen Liebe und menschliche Wärme zu geben, das erscheint viel sinnvoller, als eine solche Hingabe im Rahmen der vielfach so technisch gewordenen Tätigkeiten im Krankenhaus zu leben. Damals hat übrigens Kardinal Ratzinger auf Anregung von Paul Türks ein Interview gegeben, das die Deutsche Bischofskonferenz dazu brachte, ihren bisherigen Widerstand aufzugeben und die Hospizbewegung zu unterstützen.

Dennoch blieben die vielen katholischen Krankenhäuser weiterhin die vor allem quantitativ beherrschenden Institutionen kirchlicher Caritas, in denen in Deutschland Hunderttausende von Mitarbeitern ihren Beruf ausüben. Als damals der Ordensnachwuchs nachgelassen hatte und man Menschen gegen Bezahlung für die zu leistenden Aufgaben einstellen musste, hatte man sich dabei wahrscheinlich nicht viel gedacht, denn es war einfach klar, dass die auftretenden Lücken geschlossen werden mussten; ja man sah darin wohl sogar einen Vorteil, denn damit wurde der Kreis derer größer, unter denen man für die schwieriger werdenden Aufgaben an Krankenhäusern auswählen konnte.

Anfangs, in den sechziger Jahren des 20. Jahrhunderts, war es noch keine Schwierigkeit, praktizierend katholische Mitarbeiter für die frei werdenden Stellen zu finden, da die Gesellschaft noch konfessionell geprägt war. Bald schon konnte man aber bei sprunghaft zunehmenden „weltlichen" Arbeitsplätzen im institutionellen Caritasbereich nur noch die formal geordnete Kirchenmitgliedschaft voraussetzen. Schließlich wurde auch das dem Mitarbeiterbedarf nicht mehr gerecht, und man beschränkte sich, was diese kirchlichen Anforderungen betraf, zuletzt nur noch auf leitende oder prägende Mitarbeiter.

Diese Entwicklung war in sich schlüssig, aber in ihren Ergebnissen problematisch. Sie endet in unseren Tagen damit, dass man noch nicht einmal bei leitenden und prägenden Tätigkeiten genügend Persönlichkeiten findet, die diese Minimalkriterien erfüllen. Es stellt sich für manche katholische Krankenhausträger die Frage, ob sie einen hoch qualifizierten, aber wiederverheiratet geschiedenen Handchirurgen einstellen oder einen erheblich weniger qualifizierten, der auch nicht wirklich praktizierend katholisch, aber dessen Ehe wenigstens formal in Ordnung ist. Kann man es den Patienten, aber auch der Zukunft des Hauses und damit den Arbeitsplätzen gegenüber verantworten, den weniger qualifizierten Kandidaten einzustellen? Andererseits kann man die Dienstordnungen kaum einfach noch mehr „liberalisieren", ohne das Etikett „katholisch" zur reinen Makulatur zu machen. Der Prozess des Herunterschraubens kirchlicher Anforderungen unter gleichzeitiger uneingeschränkter Aufrechterhaltung der im 19. Jahrhundert aufgebauten gewaltigen Institutionen kirchlicher Caritas ist definitiv in die Sackgasse geraten. Eine Neubesinnung und vor allem eine neue strategische Ausrichtung kirchlicher Caritasinstitutionen ist dringend erforderlich.

1. Ein päpstlicher Befreiungsschlag gegen Potemkinsche Dörfer

In dieser Situation hätte die Freiburger Rede Papst Benedikts XVI. eigentlich so etwas wie ein Befreiungsschlag sein können. Wenn sogar der Papst die Säkularisation lobt, dann hätten die einzelnen kirchlichen Institutionen eigentlich auch den Mut haben können, die längst vorangeschrittene Säkularisation der eigenen Einrichtungen nüchtern zu beschreiben und daraus die entsprechenden Konsequenzen zu ziehen. Der Kölner Kardinal Meisner, der aus dem damals noch unter kommunistischer Herrschaft stehenden Osten Deutschlands von Papst Johannes Paul II. auf den erzbischöflichen Stuhl von Köln berufen wurde, hatte schon Ende der achtziger Jahre, zu Beginn seiner Tätigkeit, erklärt: Er habe den Eindruck gewonnen, dass es im Westen zwar ein eindrucksvolles kirchliches Institutionswesen gebe. Doch habe er bisweilen Zweifel, ob diese Institutionen noch mit christlichem Geist gefüllt werden könnten. Die Karosserie sei offenbar zu groß für den Motor, und es sei besser, mit einer kleinen Karosserie in den Himmel zu kommen als mit einer großen Karosserie auf der Strecke zu bleiben. Auf diese Äußerung erhielt er heftigen Widerspruch – nicht aus dem außerkirchlichen Bereich, sondern aus dem um seine machtvolle Existenz fürchtenden Institutionskatholizismus selbst. Inzwischen ist klar, dass die Diagnose des Kardinals zutreffend war. Doch es scheint, dass die unveränderte machtvolle Beharrungskraft der betroffenen Institutionen mit der Aufgabe der Selbstreform und damit auch der Selbstreduktion überfordert ist. Das zeigte vor allem die robuste Nichtreaktion auf die Freiburger Rede Papst Benedikts XVI.

Wie schwierig diese Situation für kirchenferne Mitarbeiter werden kann, das haben neuerdings entsprechende Berichte

einer breiten Öffentlichkeit klar gemacht. Der Stein des Ansto-
ßes ist immer wieder derselbe. Die Kirche übt als Arbeitgeber
in ihren Einrichtungen Macht über Leute aus, die sich mit ihr
gar nicht identifizieren wollen und die ihren Dienstvertrag
nicht unterschrieben haben, *weil* das eine katholische Einrichtung ist, sondern *obwohl* das eine katholische Einrichtung ist,
die aber einen Arbeitsplatz suchten und dafür die „katholischen
Bedingungen" in Kauf genommen haben. Erst wenn dann später die Ehe scheitert oder eine andere Lebenskrise eintritt,
kommt es zum Konflikt. Dass der Arbeitgeber sich ins Privat-
leben eines Arbeitnehmers einmischt, genau das aber akzeptiert
die Öffentlichkeit nicht mehr. Das öffentliche Unverständnis
wird dabei noch gesteigert, wenn bekannt wird, dass die meisten kirchlichen Einrichtungen gar nicht aus kirchlichen Mitteln
finanziert werden. Zwar ist das in einem Staat, der sich radikal
von allen Tendenzen zu einem totalen Staat abgekehrt hat,
politisch so gewollt. Aber man muss nüchtern feststellen, dass
die verfassungsrechtlich abgesicherten Rechte der Kirche, über
ihre Angestellten zu bestimmen, von der öffentlichen Meinung
nicht mehr gestützt werden.

Für das Image der Kirche sind solche Konfliktfälle daher
verheerend, zumal sie die falsche Auffassung stützen, die katholische Kirche sei vor allem eine Moralinstitution, weswegen
man als Katholik in Talkshows in der Regel mindestens die
Hälfte der Zeit damit verschwenden muss, unsinnige Ansich-
ten über die katholische Sexualmoral zu widerlegen. Papst
Benedikt XVI. hat auf dem Weltjugendtag 2005 in Köln in seinen zahlreichen Ansprachen kein einziges Wort über Sexualmoral verloren, und Papst Franziskus wird nicht müde, von
der Barmherzigkeit Gottes zu reden. Die Kirche verkündet
vor allem den Glauben an einen barmherzigen Gott, der die

Liebe ist. Und erst wenn man das glaubt, ergeben sich daraus auch moralische Konsequenzen, am Ende auch für den verantwortungsvollen Umgang mit der Sexualität.

Aber nicht nur für kirchenferne, auch für kirchlich engagierte Mitarbeiter führt die jetzige Form der Machtausübung zu heiklen Situationen. Die Diskrepanz zwischen dem theoretischen, auf Papier gedruckten Leitbild einer Einrichtung und der davon notgedrungen abweichenden tagtäglichen Praxis schafft eine merkwürdige Atmosphäre von durch die Verhältnisse produzierter Heuchelei, an der alle leiden. Dabei hat keiner der Beteiligten irgendwelche bösen Absichten, sondern versucht bloß, im Rahmen der vorgegebenen Bedingungen das Beste zu erreichen. Beim Besuch des Weihbischofs greifen die Verantwortlichen mancher katholischer Krankenhäuser bisweilen zu Maßnahmen wie der sprichwörtliche Fürst Potemkin bei den Visiten Katharinas der Großen. Und so sieht man bei den Feierstunden auf Hochglanz polierte kirchliche Fassaden, hinter denen es im Alltag aber in Wirklichkeit immer weniger kirchlich zugeht.

Noch unangenehmer als solche künstlichen Inszenierungen sind die oft gut gemeinten Bemühungen, durch Arbeitgebermaßnahmen eine Kirchlichkeit zu erzeugen, die mangels kirchlicher Mitarbeiter nicht gegeben ist, und damit die genannte Diskrepanz zu überwinden. Eine drastische Variante davon: Im Bewerbungsgespräch wird die Taufe nahegelegt, „um den formalen Anforderungen zu genügen". Das ist de facto eine Verhöhnung des Sakraments der Taufe, und jeder verantwortungsvolle kirchliche Obere lehnt so etwas natürlich zu Recht empört ab. Dennoch passiert es.

Das Prinzip „Cuius regio, eius religio", nach dem der Landesfürst seine weltliche Macht dazu nutzte, das religiöse Bekenntnis seiner Landeskinder zu bestimmen, hat zum Niedergang des christlichen Glaubens in Europa beigetragen. Gerade das Zweite Vatikanische Konzil hat durch seine Erklärung über die Religionsfreiheit solchen Ambitionen jegliche Grundlage entzogen. Doch was früher staatliche Macht war, das ist heute Arbeitgebermacht. Dagegen muss die Glaubensentscheidung immer eine freie existenzielle Entscheidung sein. Es gibt also wenige Instanzen, die zur Beförderung einer Glaubensentscheidung heutzutage weniger geeignet sind als der Arbeitgeber, dem gegenüber definitionsgemäß eine Abhängigkeit besteht, die selbst bei noch so großem Bemühen des Arbeitgebers um einen fairen und respektvollen Umgangsstil das Verhältnis des Arbeitnehmers zu ihm unvermeidlich bestimmt. Wer das übersieht, der schafft aus redlichen Motiven, aber in schlichter Verkennung der Lage eine merkwürdige Atmosphäre am Arbeitsplatz, die sowohl der Professionalität wie der Kirchlichkeit der Einrichtung schadet und zu einer Verunsicherung beiträgt. Das führt zu Fehleinschätzungen wie bei den beiden diensthabenden Kölner Ärztinnen.

Wenn, wie derzeit nach der kirchlichen Dienstordnung geboten, vor allem leitende Positionen an kirchlichen Einrichtungen nur von Katholiken mit einwandfreier Kirchlichkeit besetzt werden können, entsteht ein zusätzliches Problem. Denn dann stehen alle – und auch die ganz ernst gemeinten – kirchlichen Aktivitäten von Mitarbeitern einer solchen Einrichtung unter dem unausgesprochenen Verdacht, dass man all das nur der Karriere halber tut. Gerade Einrichtungen, die sich um ein kirchliches Profil bemühen und ihren Mitarbeitern entsprechende „fromme" Fortbildungsveranstaltungen anbieten oder sogar nahelegen, fördern unbeabsichtigt dieses unangenehme Klima: unangenehm natürlich für diejenigen, die sich trotz professioneller Kompetenz innerlich einfach nicht kirchlich identifizieren können, denn sie sehen sich gezwungen, an Veranstaltungen teilzunehmen, die sie freiwillig nie besuchen würden; unangenehm aber womöglich noch mehr für ganz selbstverständlich kirchlich gesinnte Mitarbeiter, die ihre ehrliche Kirchlichkeit unter Karriereverdacht gestellt sehen.

Im Übrigen musste die naheliegende Idee, vor allem bei den leitenden Mitarbeitern auf Kirchlichkeit zu achten, auch theologisch auf Probleme stoßen. Denn Caritas soll eigentlich, nach dem Vorbild Christi bei der Fußwaschung, den Menschen gerade die niedrigsten Dienste erweisen. Papst Franziskus hat das am Beginn seines Pontifikats zeichenhaft deutlich gemacht, als er straffälligen Jugendlichen am Gründonnerstag die Füße wusch. Jesus frustriert die allzu weltlichen Karrierehoffnungen der Jünger mit dem bekannten Wort: „Bei euch soll es nicht so sein …"

2. Warum die Apostel beim Caritasverband keine Chance hätten

Entweltlichung betrifft zunächst einmal den Einzelnen. Jeder Christ ist aufgefordert, sich aus den Verstrickungen einer reinen Weltlichkeit zu lösen und so seine geistlichen Kräfte freizulegen, mit denen er umso dynamischer in die Welt hinein wirken kann: mitten in dieser Welt, aber nicht von dieser Welt. Wenn alle kirchlichen Institutionen auf die Frage hin überprüft würden, inwiefern sie den einzelnen Christen wirklich helfen, genau das zu tun, nämlich sich zu Jesus Christus zu bekennen, in Gemeinschaft Gottesdienst zu feiern und nächstenliebend tätig zu sein, dann wäre das ein anspruchsvolles Reformprogramm, das einen neuen Vitalitätsschub auslösen könnte. Die Geschichte lehrt, dass nicht die Zahlen entscheidend sind. Im 4. Jahrhundert nach Christus, dem geistlich-theologisch vielleicht fruchtbarsten Jahrhundert der Kirchengeschichte, der Zeit der großen Heiligen – Athanasius, Hieronymus, Augustinus –, waren nur etwa 15 Prozent der Reichsbevölkerung Christen. Aber die haben gewiss nicht über solche Prozentzahlen gejammert, sondern ließen sich dadurch anspornen, den Glauben noch überzeugender den Menschen näherzubringen.

Wenn wir also das Subsidiaritätsprinzip der katholischen Soziallehre auf die kirchlichen Institutionen anwenden würden und unter diesem Gesichtspunkt institutionelle Macht kirchlicher Einrichtungen nur dann legitimieren, wenn sie sich als Dienst am Auftrag der Kirche und der einzelnen Christen, nämlich an Bekenntnis, Gottesdienst, Gemeinschaft und tätiger Nächstenliebe (Caritas) erweist, dann könnte man auch die kirchliche Caritas wieder vom Kopf auf die Füße stellen. Denn die katholische Kirche, das sind ja die Katholiken, und die sind auch nur dann Katholiken, wenn sie sich zu Jesus Christus bekennen, Gottesdienst und Gemeinschaft halten und für die Armen und Notleidenden sorgen. Je mehr es also kirchlichen Institutionen gelingt, das überzeugend deutlich zu machen, desto weniger werden sie als weltliche Machthaber und desto mehr als bescheidene Dienstleister wahrgenommen, die mithelfen, die Liebe Gottes unter die Menschen zu bringen. So sind es vor allem die Aufgaben und die Art, mit ihnen umzugehen, die die Christlichkeit einer Institution prägen. Wer Drogenabhängige von der Straße holt, Sterbende geduldig begleitet, Frauen in Not durch Dick und Dünn beisteht, der handelt zutiefst christlich – auch wenn er ein Sünder ist.

Es war ein Fehler, die moralische Qualifikation der in solchen Fällen Handelnden zur Richtschnur zu machen. Und auch formale Kriterien können in die Irre führen. Als Jesus gefragt wird, was man tun müsse, um in den Himmel zu kommen – die entscheidende Frage schlechthin –, da wagt er eine unglaubliche Provokation. Er erzählt die Geschichte vom barmherzigen Samariter. Nachdem der – rechtgläubige – Priester und der – ebenfalls rechtgläubige – Levit an dem zusammengeschlagenen Menschen vorbeigegangen sind, kommt ein – überhaupt nicht rechtgläubiger – Samariter, lässt sich von der Not dieses Menschen in seinem Herzen anrühren und hilft uneigennützig. Und Jesus sagt: Handelt so wie dieser Samariter da!

Ohne böse Absicht, sondern weltlichen Zwangsläufigkeiten folgend, haben sich die Kirchen in die Situation gebracht, dass der barmherzige Samariter in Einrichtungen der Caritas und Diakonie gar nicht eingestellt werden könnte, denn er war nicht getauft und glaubte das Falsche. Auch der heilige Augustinus wäre mit unehelichem Kind für leitende Positionen vielleicht nicht in die engere Wahl gekommen. Und die Apostel wären sowieso nicht eingestellt worden, denn sie hatten keine brauchbare Berufsausbildung. Ein Fischer vom See Genesareth würde nicht einmal beim Caritasverband Hamburg eingestellt. Das wäre aber auch gar nicht schlimm, wenn denn der Caritasverband Hamburg sich ganz ernsthaft subsidiär verstehen würde, wenn er klarmachen würde, dass er, der Caritasverband, in Wirklichkeit natürlich überhaupt keine Caritas macht. Er kann nämlich höchstens mit seiner professionellen Kompetenz Christen helfen, caritativ zu sein, er könnte einem Fischer Simon vom See Genesareth, der in Hamburg unentgeltlich Obdachlose betreut, mit den Geldern, die dessen Bruder Andreas irgendwo erbettelt hat, ein Haus bauen, in dem die

Obdachlosen unterkommen könnten. Recht besehen müsste der Hamburger Caritasverband darauf bestehen, dass er keine Caritas macht, denn seine Mitarbeiter bekommen für ihre qualifizierte Tätigkeit mit Recht Geld. Wer aber wollte von sich gerne behaupten lassen, er würde gegen Geld Caritas machen? Caritas heißt Liebe, und bezahlte Liebe gibt es in Hamburg vor allem auf Sankt Pauli.

3. Brauchen wir noch die katholische Herzoperation?

Wenn die Aufgabe der Caritasverbände sich darauf konzentrieren würde, Christen zu helfen, Christen zu sein, nämlich wie der Samariter notleidenden Menschen zu helfen, dann könnte das mit dazu beitragen, die Pfarrgemeinden zu vitalisieren. Eine Pfarrgemeinde, in der sich alles bloß noch um den Gottesdienst dreht, wird irgendwann zu Recht erstarren und vergreisen. Wenn man aber zugleich überlegt, wie man den Menschen, die am Rand der Gesellschaft leben, helfen kann, wie man Arme mit Essen unterstützen kann, wie man Einsame trösten kann, psychisch Kranke integrieren etc., und wenn man im Caritasverband über Fachleute „verfügen" kann, die dabei nicht mit professioneller Arroganz, sondern mit professioneller Dienstfertigkeit den caritativ engagierten Pfarrangehörigen engagiert helfen, dann erleben auch junge Menschen in einer solchen Pfarrgemeinde, was Christentum eigentlich ist und dass die Christen am Sonntag feiern, was sie in der Woche zeigen: einen menschenfreundlichen Gott. Manch ein vitaler Caritasverband hat sich schon mit Erfolg auf diesen Weg begeben. Die Krise der Pfarrgemeinden hat nicht zuletzt damit zu tun, dass man sich allzu lange eingebildet hatte, für die Caritas, da habe man ja den Caritasverband. Doch Liebe ist etwas Höchstpersönliches. Man kann Liebe nicht delegieren, auch Nächstenliebe nicht. Wenn der Caritasverband sich nur subsidiär verstehen würde, was wäre dann aber dagegen einzuwenden, wenn in einem solchen Caritasverband ein netter Atheist die Schuldnerberatung machen würde? Ein Argument gegen die Einstellung eines solchen Atheisten wäre eigentlich nur, wenn der voller aggressiver Vorurteile gegen die Kirche wäre und sich daher weigern würde, einer katholischen Pfarrgemeinde zu helfen. Aber auch in einer Metzgerei würde niemand einen aggressiven Vegetarier einstellen. Das Christliche, das Katholische eines solchen Caritasverbands wäre nicht das Bekenntnis seiner Mitarbeiter selbst zu Christus, sondern der wirksame Dienst an Menschen, die sich zu Christus bekennen, in den Pfarrgemeinden oder anderswo. Sonst nämlich wäre der Caritasverband nur einer von vielen Sozialverbänden, eine „wohltätige Nichtregierungsorganisation", wie Papst Franziskus eine Kirche ohne den Bezug auf den existenziellen Glauben an Christus genannt hat. Die Wiederbelebung der Caritas von den Gemeinden und der Gemeinden von der Caritas her würde den Caritasverbänden ihre christliche, ja ihre kirchliche Existenz sichern und könnte für die Kirche kaum weniger bedeutsam sein als jenes Wiedererwachen der Kirche in den Seelen, von dem Romano Guardini seinerzeit sprach und das Papst Benedikt XVI. bei seiner Abschiedsrede den Kardinälen ans Herz legte.

Was aber soll dann mit den machtvollen Großinstitutionen, vor allem den Krankenhäusern, geschehen? Brauchen wir noch die „katholische Herzoperation"? Prinzipiell könnte die Kirche zwar nicht ohne Caritas, wohl aber ohne die heutigen katholischen Krankenhäuser existieren, und eine Herzoperation muss vor allem professionell durchgeführt werden. Sogar der Papst wird sich lieber von einem hochprofessionellen, aber leider atheistischen Herzchirurgen als von einem frommen Dilettanten operieren lassen. Man könnte also ohne weiteres alle katholischen Krankenhäuser abstoßen. Auch in anderen Ländern gibt es Regionen ohne katholische Krankenhäuser mit durchaus vitalem christlichem Leben. Doch solch radikale Lösungen sind wenig realistisch. Viele überalterte Ordensgemeinschaften hängen noch an ihren Häusern, die der Orden mit Herzblut aufgebaut hat, und auch die Patienten suchen immer noch besonders gerne christliche Krankenhäuser auf, selbst wenn sie persönlich nicht mehr gläubig sind. Andererseits gibt es auch Mitarbeiter, die zwar nicht die moralischen Kriterien billigen, die noch an die Mitarbeiter angelegt werden, aber die Atmosphäre an kirchlichen Einrichtungen schätzen, wenn da nicht der Profit ausschließlich im Mittelpunkt steht, sondern die Sorge um den Menschen. Das zeigt deutlich, wie viel wirklich Gutes auch heute in diesen Krankenhäusern geschieht. Wie könnte man also in einer solchen Situation einen realistischen nächsten Schritt tun?

Dazu wäre es erforderlich, die Soll- und die Ist-Situation an diesen Einrichtungen zur Deckung zu bringen, indem man illusionslos die Ist-Situation beschreibt und dann transparente Regelungen findet, mit denen diese Ist-Situation ehrlich gelebt werden kann. Natürlich müsste es noch (vor allem kleine) Einrichtungen geben können, in denen bekennende Katholiken professionell ihren Dienst tun und in denen die bisherige Dienstordnung beibehalten würde. Denkbar wäre das beispielsweise für katholische Hospize. Menschen, die dort arbeiteten, wüssten, worauf sie sich einlassen, und würden eine solche Einrichtung positiv wählen können. Wenn die dann später mit den

Prinzipien einer solchen Einrichtung in Konflikt kämen, würden gewiss sogar Freunde sagen: Du bist ja selber schuld, warum musstest du auch an einer katholischen Einrichtung arbeiten, es hätte doch genug andere gegeben. Ob man aber unter solchen Kriterien in unseren Breitengraden überhaupt noch Großeinrichtungen unterhalten kann, wäre kritisch zu diskutieren. Jedenfalls könnten das aber angesichts der entkirchlichten Situation realistischerweise nur noch wenige sein. Vor allem darf die Kirche mit ihren Einrichtungen nicht mehr flächendeckend auftreten.

Die Mehrzahl der kirchlichen Arbeitsplätze aber, insbesondere an den katholischen Krankenhäusern, würde man aus der bisherigen kirchlichen Dienstordnung entlassen müssen, es würde an diesen Einrichtungen keine kirchlichen Kriterien für die Auswahl der Mitarbeiter mehr geben, insbesondere würde die persönliche Lebensführung keine Rolle spielen. Man würde in diesen Einrichtungen das Betriebsverfassungsgesetz gelten lassen, mit Gewerkschaften, Tarifverhandlungen etc. Ein solches Krankenhaus könnte man natürlich ehrlicherweise nicht mehr ein „katholisches Krankenhaus" nennen. Es wäre allenfalls ein „Krankenhaus aus katholischer Tradition", in dem nach wie vor keine Abtreibungen stattfinden würden, in dem aber weiterhin Menschen in Not, die nicht ausreichend versichert sind, gemäß den christlichen Prinzipien Aufnahme finden würden, in dem außerdem auf gute Seelsorge geachtet und die Kapelle gepflegt würde. Auch da könnte es, da dürfte man sich keine Illusionen machen, ethische Konflikte geben, zum Beispiel weil auch hier nidationshemmende Präparate nicht gegeben werden könnten. Doch die gesamte Atmosphäre wäre erheblich offener und kalkulierbarer. In einer solchen Einrichtung könnten Ordensgemeinschaften dann vielleicht noch weiter „investiert" bleiben, aber ein Abschied wäre das trotzdem, allerdings ein Abschied, der unvermeidlich ist.

Sollte man sich im Übrigen entschließen, das eine oder andere Krankenhaus weiterhin unter den alten Kriterien als „katholisches Krankenhaus" zu erhalten, böte sich die außerordentliche Möglichkeit, in ein solches Krankenhaus vielleicht zusätzliche Kirchensteuermittel zu investieren und vor allem dort kreative Ideen umzusetzen, um so etwas wie ein katholisches Profil mit katholischer Krankenpflege modellhaft zum Leuchten zu bringen. Derzeit unterscheiden sich die meisten katholischen Krankenhäuser in Wirklichkeit kaum von kommunalen Kliniken.

Das Ganze wäre jedenfalls ein Abgeben von weltlicher Macht, von Arbeitgebermacht, aber zugleich die Chance für eine Neubelebung der Caritas und ein Gewinn an Glaubwürdigkeit. Denn wenn die Caritas die Kirche über die Jahrhunderte getragen hat, dann ist eine Krise der Caritas eine fundamentale Krise der Kirche. Weil die Zukunft der Caritas die Zukunft der Kirche bestimmt, nicht zuletzt deswegen hat Papst Benedikt XVI. seine erste programmatische Enzyklika der Caritas gewidmet.

IV. Entweltlichung praktisch – Laien an die Macht!

Wenn Entweltlichung aber beim Einzelnen beginnen muss, dann bedarf es, um nicht bei institutionellen Fragen stehen zu bleiben und wirklich nachhaltig zu wirken, gerade im kirchlichen Bereich vor allem einer längst fälligen Debatte über das vielbeschworene Ehrenamt. Der Ausdruck selbst ist im Deutschen schon wenig glücklich. Was ist es eigentlich für eine „Ehre" und was für ein „Amt", Sterbende zu begleiten, Einsame zu trösten, Leidenden beizustehen? In diesen Tätigkeiten vollzieht ein Mensch vielmehr in selbstverständlicher und dichtester Form seinen christlichen Glauben. Diesem Tun müssen sich die „Profis" eigentlich dienend unterordnen. Eine solche Struktur herrschte tatsächlich ursprünglich bei vielen kirchlich-caritativen Initiativen. Beim Sozialdienst katholischer Männer und beim Sozialdienst katholischer Frauen ist das auch heute noch angelegt: Die „Ehrenamtler" haben das Sagen und stellen sich „Hauptamtler" ein, die dabei helfen sollen, die von den „Ehrenamtlern" vorgegebenen Ziele zu erreichen. Freilich ist durch die Überalterung mancher Untergliederungen von SKM und SKF und die Schwierigkeit und Unübersichtlichkeit der Aufgaben dieser gute Grundansatz heute vielerorts de facto zugunsten einer Vorherrschaft der Hauptamtlichen aufgegeben.

In anderen Ländern, in denen die kirchlichen Institutionen noch nicht so ausgebaut wurden wie in Deutschland, fordert die Not die Christen unmittelbarer. Als im Jahre 1987 in Rom auf dem Bahnhof Tiburtina ein Obdachloser erfror, da war das ein Schock für die örtliche Pfarrgemeinde. Man setzte sich zusammen und ergriff Maßnahmen, die so etwas künftig unbedingt verhindern sollten. Man organisierte Armenspeisungen, Unterkünfte auch für Frauen in Notlagen und vieles andere. Das vitalisierte die Gemeinde selbst und strahlte aus. Es war ein ehrenamtliches Engagement, und bald stellte man sich auch ein paar Hauptamtliche ein, die allerdings die Initiative niemals dominierten.

1. „Wer genau weiß, wie man stirbt, den können wir nicht brauchen!"

In Deutschland aufkommenden Tendenzen einer diffusen Professionalisierung des Ehrenamts, die vor allem von staatlichen Instanzen gefördert werden, ist aus christlicher Sicht entgegenzutreten. Was der Staat, was die Welt hier fordert, darf nicht einfach kritiklos übernommen werden, um weiter im „Geschäft" zu bleiben. Entweltlichung muss hier heißen, den eigentlichen existenziellen Kern christlicher Sorge um den Menschen nicht durch reibungslose Professionalisierung zu verfehlen. Natürlich soll auch caritativ tätigen Christen jederzeit kompetente professionelle Hilfe angeboten werden. Es gibt Menschen, die sich gerne in Seminaren zum vertieferen Nachdenken über Sterben und Tod anregen lassen wollen, um erst dann Sterbende zu begleiten. Es mag aber auch zum Beispiel eine Frau geben, die fünf Jahre lang ihren krebskranken Mann bis zum Tod gepflegt hat, die ihre dabei erworbenen Fähigkeiten nun auch zum Wohle anderer sterbenskranker Menschen einsetzen möchte, sich aber nicht in einem Wochenendseminar von einer jungen Sozialarbeiterin über die Sterbephasen nach Frau Kübler-Ross fortbilden lassen möchte.

Eine solche Frau reagiert aus ihrer eigenen Lebenserfahrung existenziell. Selbstverständlich würde ich mich von einem solchen Menschen lieber im Sterben begleiten lassen als von jemandem, bei dem ich den Eindruck hätte, ich wäre jetzt bloß ein Fall von den Fällen, die er beim Seminar gelernt hat. „Wer genau weiß, wie man stirbt, den können wir nicht brauchen …“, sagte Pfarrer Türks einem Journalisten auf die Frage nach der Ausbildung seiner „Ehrenamtler". Es gibt einfach gewisse Menschen, die sind für die Sterbebegleitung aus unterschiedlichen Gründen nicht sonderlich geeignet. Da hilft dann aber auch eine professionelle Zwangsbeglückung durch „Ausbildung" nichts. Die macht es mitunter noch schlimmer. Man sollte solche wenig geeigneten Menschen in diesem Bereich einfach nicht einsetzen.

Zwar hat man die professionellen Hilfen für Menschen mit verschiedenen Behinderungen erfreulicherweise ausgebaut, zwar hat man Behinderte mehr in die Gemeinden integriert. Die Schattenseite dieser Entwicklung ist aber, dass viele Menschen zu Unrecht meinen, man müsse eine Ausbildung haben, wenn man mit Behinderten reden wolle – und so entsteht inmitten der Städte ein Behindertenghetto, dessen Mauern unsichtbar sind. Wenn die professionelle Welt sich selbst zu wichtig macht oder durch staatliche Vorschriften allzu wichtig gemacht wird, dann ist auch hier Entweltlichung angesagt, sonst wird die reibungslose Künstlichkeit in menschlichen Beziehungen zunehmen, die menschliche Wärme aber, die die existenzielle Begegnung ausstrahlt, wird den Menschen vorenthalten. Die existenzielle Begegnung ist jedoch der Kern dessen, was das Christentum mit Nächstenliebe meint.

Wie kann also die nicht-professionelle Liebe wieder ins Zentrum der Caritas rücken? Das kann wohl nicht durch ein Aufbegehren der oft nur als Lückenbüßer oder zweitbeste Hilfen abqualifizierten „Ehrenamtlichen" gegen die machtvolle Welt der Experten geschehen. Die Hauptamtlichen selbst und ihre Institutionen müssten sich vielmehr aktiv für eine Aufwertung der nichtprofessionellen Hilfen einsetzen, indem sie wertschätzend, ermutigend und respektvoll mit diesen Christen umgehen. Sie müssen bescheiden die Grenzen ihrer professionellen Kompetenz offenlegen und deutlich machen, dass aus christlicher Sicht „ehrenamtliche" existenzielle Sorge um den Menschen stets „besser" ist als all die wichtigen professionellen Hilfen. Sie müssten das übrigens auch im eigenen Interesse tun, denn das kirchliche Profil der Caritas hängt davon ab, ob ein solches fruchtbares Zueinander von „Ehrenamt" und Hauptamt gelingt. Es gibt schon viele Caritasverbände, die aus eigener Überzeugung diesen Weg beschritten haben.

2. „Denn was man schwarz auf weiß besitzt, kann man getrost nach Hause tragen …"

Ich war immer schon skeptisch gegenüber schriftlichen Leitbildern kirchlicher Caritaseinrichtungen und bin es auch heute noch. Sie sind gut gemeint, doch liest man die Texte unvoreingenommen, so sind es manchmal etwas peinliche Selbstbelobigungen und indirekte Diskreditierungen von gutwilligen Atheisten, die ja ebenfalls versuchen, Menschen aufopfernd zu helfen. Wer wird wirklich behaupten wollen, dass heute die menschliche Zuwendung in einem katholischen Krankenhaus per se umfassender ist als in einem kommunalen Krankenhaus? Vielmehr könnte man das Profil einer katholischen Einrichtung gerade daran bemessen, inwieweit sie subsidiär Christen hilft, Menschen caritativ beizustehen. Wenn ein katholisches Krankenhaus so von der örtlichen Pfarrgemeinde als „unser Krankenhaus" angenommen ist, dass die Gemeindemitglieder einen Besuchsdienst für einsame Kranke organisieren und den

Menschen auch über den Krankenhausaufenthalt hinaus nahe sind, dann muss man sich um die Katholizität dieser Einrichtung in der Regel keine Sorgen machen. Es könnte aber auch sein, dass eine geistliche Gemeinschaft ein solches Krankenhaus sozusagen „adoptiert" und damit christlichen Geist in diesem Haus durch Personen präsent macht. Die Christlichkeit einer solchen Einrichtung hängt insofern mit ihrer Kirchlichkeit zusammen, als sie mit der konkreten Kirche durch konkrete engagierte Menschen in lebendigem Kontakt steht.

Wenn es also etwas spezifisch Christliches gäbe, dann kann man das in solchen Einrichtungen durch keinen Text sicherstellen. Man müsste es in der Praxis leben durch die gute Beachtung des Subsidiaritätsprinzips der katholischen Soziallehre. Wenn kirchliche hauptamtliche Mitarbeiter systematisch lernen, für katholische „Ehrenamtler" hilfreich zu sein, dann ist diese Einrichtung kirchlich katholisch – selbst dann, wenn es um die Katholizität des Mitarbeiters vielleicht nicht weit her ist. Einen Kurs in Subsidiarität sollte man neu einzustellenden hauptamtlichen kirchlichen Mitarbeitern aller Bereiche anbieten, und da sollte man leidgeprüfte „Ehrenamtler" einladen, die darüber berichten könnten, wie Hauptamtler hilfreich – oder weniger hilfreich – reagieren. Wie wäre es, wenn Caritasverbände und andere große katholische Sozialträger freie Mitarbeiter einstellen würden, deren einzige Aufgabe es wäre, ehrenamtliche Initiativen im Bistum aufzuspüren, willkommen zu heißen und zu unterstützen? Das mag es in Ansätzen hier und da schon geben, müsste aber engagiert ausgebaut werden. Dazu könnte auch die Unterstützung der so wichtigen Selbsthilfegruppen von Betroffenen und Angehörigen zählen, die ihrerseits übrigens viele nützliche Impulse in eine große Sozialinstitution hineinsenden können. All das läuft darauf hinaus, dass die „Profis" von sich aus auf Macht verzichten und bescheiden agieren. Das ist die individuelle Dimension von Entweltlichung. Denn Bescheidenheit zeichnet wahre Professionalität aus, die um ihre eingeschränkte Kompetenz weiß.

Papst Benedikt XVI. hat mit seiner Entweltlichungsrede in Freiburg ein anspruchsvolles Programm vorgegeben, und Papst Franziskus schickt sich mit hartnäckiger Liebenswürdigkeit an, dieses Programm umzusetzen. Man kann also sicher nicht mehr lange so tun, als ginge uns das in Deutschland nichts an. Doch auch eine quantitative Reduzierung allein würde nicht ausreichen – und innerkirchlich auch eher nur eine Negativbotschaft senden. Entweltlichung ist bei Benedikt XVI. kein resignatives Projekt, und auch Papst Franziskus spricht davon, dass die Befreiung von weltlicher Verstrickung die christliche Botschaft wieder zum Leuchten bringen könne. Schon Kardinal Meisner hatte darauf hingewiesen, dass man die kirchlichen Einrichtungen reduzieren müsse, um die Hände frei zu haben für wichtige Aufgaben. Was könnten Kriterien sein, nach denen man Einrichtungen und Tätigkeiten abgeben beziehungsweise neu übernehmen sollte?

3. „Die Kirche muss an die Ränder gehen!"

Prinzipiell sollten Christen da helfen, wo aktuell die Not ist, und vor allem da, wo es um die Sorge um den Menschen geht und nicht so sehr um bloße Technik. Im 19. Jahrhundert war die Krankenversorgung zunächst desolat. Also taten sich junge Frauen und junge Männer zusammen und halfen, bauten Hospitäler und andere Einrichtungen und sorgten so für eine gute Bewältigung dieser sozialen Not. Heute ist das alles gut organisiert. Doch für Sterbende, für Behinderte, für Drogenabhängige, für Obdachlose, für alleinerziehende Frauen und Männer, aber auch für ganz einfach einsame Menschen gibt es zu wenig Hilfe und menschliche Zuwendung. Gerade in Randgruppen muss die Kirche die Zentralgruppen ihres caritativen Engagements sehen. An die Ränder zu gehen, aus der Kirche heraus, das war die zentrale Botschaft der letzten Rede von Kardinal Bergoglio an die Kardinäle, bevor sie ihn zum Papst wählten.

Auf all diesen Gebieten also sollte kirchliche Caritas sich einsetzen – aber nach den oben genannten Prinzipien. Das heißt: Wenn eine Pfarrgemeinde einen funktionierenden Besuchsdienst für einsame und kranke Menschen aufgebaut hat, dann ist es sinnvoll, wenn der Caritasverband dort „Essen auf Rädern" und anderes auf Anforderung der „ehrenamtlichen" Helfer zur Verfügung stellt. Freilich muss die Caritas auch einem reinen Kirchturmdenken entgegenwirken. Denn wenn eine Gemeinde sich nur um „ihre" Notleidenden kümmern und gar nicht über den Tellerrand hinausblicken würde, dann könnte das eine subtile Form von Lieblosigkeit anderen gegenüber sein, eine „abgeschlossene Kirche", vor der Papst Franziskus warnte. Doch wenn die Gemeinde mithilfe der Institution Caritas auch an anderen Orten Deutschlands und der Welt hilft, dann muss ihr der ausführende Caritasverband auch den Eindruck vermitteln, dass es tatsächlich die Gemeinde selbst ist, die dort hilft.

Mehr Beachtung caritativer Aktivitäten in der Pfarrgemeinde wäre daher keine zusätzliche Belastung der ohnehin belasteten Gemeindemitglieder, sondern die Chance, als Gemeinde vitaler zu werden. Solche Gemeinden werden außenstehende Menschen übrigens durch ihre überzeugt gelebte Nächstenliebe stärker anziehen, wie schon Julian Apostata sehr gut wusste. Manchmal steht nämlich nicht das Bekenntnis, sondern die Caritas am Beginn eines christlichen Lebens: Der heilige Martin von Tours war noch gar nicht getauft, als er den Bettler am Tor von Amiens sah, aber er spürte sofort, dass er helfen müsse. Erst im Traum erkannte er dann im Bettler Christus und ließ sich später taufen. Schon jetzt gibt es Pfarrgemeinden, die zum Beispiel eine „Tafel" für Bedürftige unterhalten und die dadurch oft erstmals in Berührung mit den Notleidenden vor Ort kommen, die den gut bürgerlich geprägten Gottesdienst meiden.

Wenn die quantitative Reduktion und die strukturelle und inhaltliche Reform gelungen sind, dann kann die Atmosphäre in den Einrichtungen gesunden. Dann werden seelsorgliche Angebote bei den Mitarbeitern nicht mehr als undurchsichtige Manöver ankommen, sondern als wirkliche Hilfen und Angebote, die den Mitarbeitern seelische Nahrung geben, die sie für ihre Tätigkeit für Menschen in Not dringend brauchen. Mutter Teresa hat im Grunde keinen „sozial tätigen Orden" gegründet. Sie hat einen kontemplativen, also dem Gebet hingegebenen Orden gegründet, der auch sozial tätig ist. Die Schwestern verbringen lange Zeiten im Gebet und in der Anbetung. Daraus schöpfen sie ihre Kraft für die aufopferungsvolle Tätigkeit mitten in der Welt. Auch Mutter Teresa hat man übrigens vorgeworfen, dass es bei ihr nicht professionell genug zugehe. Doch die „Missionarinnen der Nächstenliebe" legen neben der unbestreitbaren Professionalität das Schwergewicht ihrer Tätigkeit auf die liebevolle menschliche Zuwendung. Es war Mutter Teresa, die gesagt hat: „Ich weiß nicht genau, wie der Himmel sein wird, aber ich weiß, dass, wenn wir sterben und es kommt die Zeit, dass Gott uns richtet, er uns nicht fragen wird: Wie viele gute Sachen hast du in deinem Leben gemacht? Er wird uns eher fragen: Mit wie viel Liebe hast du das getan, was du getan hast?"

Anhang

Ansprache von Papst Benedikt XVI. an engagierte Katholiken aus Kirche und Gesellschaft am 25. 9. 2011 in Freiburg i. Br.

Ich freue mich über diese Begegnung mit Ihnen, die Sie sich in vielfältiger Weise für die Kirche und für das Gemeinwesen engagieren. Dies gibt mir eine willkommene Gelegenheit, Ihnen hier persönlich für Ihren Einsatz und Ihr Zeugnis als „kraftvolle Boten des Glaubens an die zu erhoffenden Dinge" (*Lumen Gentium*, 35) ganz herzlich zu danken: So nennt das II. Vatikanische Konzil Menschen, die wie Sie sich um Gegenwart und Zukunft aus dem Glauben mühen. In Ihrem Arbeitsumfeld treten Sie bereitwillig für Ihren Glauben und für die Kirche ein, was – wie wir wissen – in der heutigen Zeit wahrhaftig nicht immer leicht ist.

Seit Jahrzehnten erleben wir einen Rückgang der religiösen Praxis, stellen wir eine zunehmende Distanzierung beträchtlicher Teile der Getauften vom kirchlichen Leben fest. Es kommt die Frage auf: Muss die Kirche sich nicht ändern? Muss sie sich nicht in ihren Ämtern und Strukturen der Gegenwart anpassen, um die suchenden und zweifelnden Menschen von heute zu erreichen?

Die selige Mutter Teresa wurde einmal gefragt, was sich ihrer Meinung nach als erstes in der Kirche ändern müsse. Ihre Antwort war: Sie und ich!

An dieser kleinen Episode wird uns zweierlei deutlich. Einmal will die Ordensfrau dem Gesprächspartner sagen: Kirche sind nicht nur die anderen, nicht nur die Hierarchie, der Papst und die Bischöfe; Kirche sind wir alle, wir, die Getauften.

Zum anderen geht sie tatsächlich davon aus: ja, es gibt Anlass zur Änderung. Es ist Änderungsbedarf vorhanden. Jeder Christ und die Gemeinschaft der Gläubigen als Ganzes sind zur stetigen Änderung aufgerufen.

Wie soll diese Änderung konkret aussehen? Geht es um eine Erneuerung, wie sie etwa ein Hausbesitzer durch die Renovierung oder den neuen Anstrich seines Anwesens durchführt? Oder geht es hier um eine Korrektur, um wieder auf Kurs zu kommen sowie schneller und geradliniger einen Weg zurückzulegen? Sicher spielen diese und andere Aspekte eine Rolle, und hier kann nicht von alledem die Rede sein. Aber was das grundlegende Motiv der Änderung betrifft, so ist es die apostolische Sendung der Jünger und der Kirche selbst. Dieser ihrer Sendung muss die Kirche sich nämlich immer neu vergewissern. Die drei synoptischen Evangelien lassen verschiedene Aspekte des Sendungsauftrags aufleuchten: Die Sendung gründet zunächst in der persönlichen Erfahrung: „Ihr seid meine Zeugen" (Lk 24,48); sie kommt zum Ausdruck in Beziehungen: „Macht alle Menschen zu meinen Jüngern" (Mt 28,19); und sie gibt eine universelle Botschaft weiter: „Verkündet das Evangelium allen Geschöpfen" (Mk 16,15). Durch die Ansprüche und Sachzwänge der Welt aber wird dies Zeugnis immer wieder verdunkelt, werden die Beziehungen entfremdet und wird die Botschaft relativiert. Wenn nun die Kirche, wie Papst Paul VI. sagt, „danach trachtet, sich selbst nach dem Typus, den Christus ihr vor Augen stellt, zu bilden, dann wird sie sich von der menschlichen Umgebung tief unterscheiden, in der sie doch lebt oder der sie sich nähert" (Enzyklika *Ecclesiam Suam*, 60). Um ihre Sendung zu verwirklichen, wird sie auch immer wieder Distanz zu ihrer Umgebung nehmen müssen, sich gewissermaßen ent-weltlichen".

Die Sendung der Kirche kommt ja vom Geheimnis des Dreieinigen Gottes her, dem Geheimnis seiner schöpferischen Liebe. Und die Liebe ist nicht nur irgendwie in Gott, er selbst ist sie, ist vom Wesen her die Liebe. Und die göttliche Liebe will nicht nur für sich sein, sie will sich ihrem Wesen nach verströmen. Sie ist in der Menschwerdung und Hingabe des Sohnes Gottes in besonderer Weise auf die Menschheit, auf uns zugekommen, und zwar so, dass Christus, der Sohn Gottes, gleichsam aus dem Rahmen seines Gottseins herausgetreten ist, Fleisch angenommen hat, Mensch geworden ist, nicht nur, um die Welt in ihrer Weltlichkeit zu bestätigen und ihr Gefährte zu sein, der sie so lässt, wie sie ist, sondern um sie zu verwandeln. Zum Christusgeschehen gehört das Unfassbare, daß es – wie die Kirchenväter sagen – ein *sacrum commercium*, einen Tausch zwischen Gott und den Menschen gibt. Die Väter legen es so aus: Wir haben Gott nichts zu geben, wir haben ihm nur unsere Sünde hinzuhalten. Und er nimmt sie an und macht sie sich zu eigen, gibt uns dafür sich selbst und seine Herrlichkeit. Ein wahrhaft ungleicher Tausch, der sich im Leben und Leiden Christi vollzieht. Er wird Sünder, nimmt die Sünde auf sich, das Unsrige nimmt er an und gibt uns das Seinige. Aber im Weiterdenken und Weiterleben im Glauben ist dann doch deutlich geworden, dass wir ihm nicht nur Sünde geben, sondern dass er uns ermächtigt hat, von inner her die Kraft gibt, ihm auch Positives zu geben: unsere Liebe – ihm die Menschheit im positiven Sinn zu geben. Natürlich, es ist klar, dass nur Dank der Großmut Gottes der Mensch, der Bettler, der den göttlichen Reichtum empfängt, doch auch Gott etwas geben kann; dass Gott uns das Geschenk erträglich macht, indem er uns fähig macht, auch für ihn Schenkende zu werden.

Die Kirche verdankt sich ganz diesem ungleichen Tausch. Sie hat nichts aus Eigenem gegenüber dem, der sie gestiftet hat, so dass sie sagen könnte: Dies haben wir großartig gemacht! Ihr Sinn besteht darin, Werkzeug der Erlösung zu sein, sich von Gott her mit seinem Wort durchdringen zu lassen und die Welt in die Einheit der Liebe mit Gott hineinzutragen. Die Kirche taucht ein in die Hinwendung des Erlösers zu den Menschen. Sie ist, wo sie wahrhaft sie selber ist, immer in Bewegung, muss sich fortwährend in den Dienst der Sendung stellen, die sie vom Herrn empfangen hat. Und deshalb muss sie sich immer neu den Sorgen der Welt öffnen, zu der sie ja selber gehört, sich ihnen ausliefern, um den heiligen Tausch, der mit der Menschwerdung begonnen hat, weiterzuführen und gegenwärtig zu machen. In der geschichtlichen Ausformung der Kirche zeigt sich jedoch auch eine gegenläufige Tendenz, dass die Kirche zufrieden wird mit sich selbst, sich in dieser Welt einrichtet, selbstgenügsam ist und sich den Maßstäben der Welt angleicht. Sie gibt nicht selten Organisation und Institutionalisierung größeres Gewicht als ihrer Berufung zu der Offenheit auf Gott hin, zur Öffnung der Welt auf den Anderen hin.

Um ihrem eigentlichen Auftrag zu genügen, muss die Kirche immer wieder die Anstrengung unternehmen, sich von dieser ihrer Verweltlichung zu lösen und wieder offen auf Gott hin zu werden. Sie folgt damit den Worten Jesu: „Sie sind nicht von der Welt, wie auch ich nicht von der Welt bin" (Joh 17,16), und gerade so gibt er sich der Welt. Die Geschichte kommt der Kirche in gewisser Weise durch die verschiedenen Epochen der Säkularisierung zur Hilfe, die zu ihrer Läuterung und inneren Reform wesentlich beigetragen haben. Die Säkularisierungen – sei es die Enteignung von Kirchengütern, sei es die Streichung von Privilegien oder ähnliches – bedeuteten nämlich jedesmal eine tiefgreifende Entweltlichung der Kirche, die sich dabei gleichsam ihres weltlichen Reichtums entblößt und wieder ganz ihre weltliche Armut annimmt. Damit teilt sie das Schicksal des Stammes Levi, der nach dem Bericht des Alten Testamentes als einziger Stamm in Israel kein eigenes Erbland besaß, sondern allein Gott selbst, sein Wort und seine Zeichen als seinen Losanteil gezogen hatte. Mit ihm teilte sie in jenen geschichtlichen Momenten den Anspruch einer Armut, die sich zur Welt geöffnet hat, um sich von ihren materiellen Bindungen zu lösen, und so wurde auch ihr missionarisches Handeln wieder glaubhaft.

Die geschichtlichen Beispiele zeigen: Das missionarische Zeugnis der entweltlichten Kirche tritt klarer zutage. Die von materiellen und politischen Lasten und Privilegien befreite Kirche kann sich besser und auf wahrhaft christliche Weise der ganzen Welt zuwenden, wirklich weltoffen sein. Sie kann ihre Berufung zum Dienst der Anbetung Gottes und zum Dienst des Nächsten wieder unbefangener leben. Die missionarische Pflicht, die über der christlichen Anbetung liegt und die ihre Struktur bestimmen sollte, wird deutlicher sichtbar. Sie öffnet sich der Welt, nicht um die Menschen für eine Institution mit eigenen Machtansprüchen zu gewinnen, sondern um sie zu sich selbst zu führen, indem sie zu dem führt, von dem jeder Mensch mit Augustinus sagen kann: Er ist mir innerlicher als ich mir selbst (vgl. *Conf.* 3,6,11). Er, der unendlich über mir ist, ist doch so in mir, daß er meine wahre Innerlichkeit ist. Durch diese Art der Öffnung der Kirche zur Welt wird damit auch vorgezeichnet, in welcher Form sich die Weltoffenheit des einzelnen Christen wirksam und angemessen vollziehen kann.

Es geht hier nicht darum, eine neue Taktik zu finden, um der Kirche wieder Geltung zu verschaffen. Vielmehr gilt es, jede bloße Taktik abzulegen und nach der totalen Redlichkeit zu suchen, die nichts von der Wahrheit unseres Heute ausklammert oder verdrängt, sondern ganz im Heute den Glauben vollzieht, eben dadurch dass sie ihn ganz in der Nüchternheit des Heute lebt, ihn ganz zu sich selbst bringt, indem sie das von ihm abstreift, was nur scheinbar Glaube, in Wahrheit aber Konvention und Gewohnheit ist.

Sagen wir es noch einmal anders: Der christliche Glaube ist für den Menschen allezeit – und nicht erst in der unsrigen – ein Skandal. Dass der ewige Gott sich um uns Menschen kümmern, uns kennen soll, dass der Unfassbare zu einer bestimmten Zeit an einem bestimmten Ort fassbar geworden sein soll, dass der Unsterbliche am Kreuz gelitten haben und gestorben sein soll, dass uns Sterblichen Auferstehung und Ewiges Leben verheißen ist – das zu glauben ist für die Menschen allemal eine Zumutung. Dieser Skandal, der unaufhebbar ist, wenn man nicht das Christentum selbst aufheben will, ist leider gerade in jüngster Zeit überdeckt worden von den anderen schmerzlichen Skandalen der Verkünder des Glaubens. Gefährlich wird es, wenn diese Skandale an die Stelle des primären *skandalon* des Kreuzes treten und ihn dadurch unzugänglich machen, also den eigentlichen christlichen Anspruch hinter der Unbotmäßigkeit seiner Boten verdecken.

Um so mehr ist es wieder an der Zeit, die wahre Entweltlichung zu finden, die Weltlichkeit der Kirche beherzt abzulegen. Das heißt natürlich nicht, sich aus der Welt zurückzuziehen, sondern das Gegenteil. Eine vom Weltlichen entlastete Kirche vermag gerade auch im sozial-karitativen Bereich den Menschen, den Leidenden wie ihren Helfern, die besondere Lebenskraft des christlichen Glaubens zu vermitteln. „Der Liebesdienst ist für die Kirche nicht eine Art Wohlfahrtsaktivität, die man auch anderen überlassen könnte, sondern er gehört zu ihrem Wesen, ist unverzichtbarer Wesensausdruck ihrer selbst"

(Enzyklika *Deus caritas est*, 25). Allerdings haben sich auch die karitativen Werke der Kirche immer neu dem Anspruch einer angemessenen Entweltlichung zu stellen, sollen ihr nicht angesichts der zunehmenden Entkirchlichung ihre Wurzeln vertrocknen. Nur die tiefe Beziehung zu Gott ermöglicht eine vollwertige Zuwendung zum Mitmenschen, so wie ohne Zuwendung zum Nächsten die Beziehung zu Gott verkümmert.

Offensein für die Anliegen der Welt heißt demnach für die entweltlichte Kirche, die Herrschaft der Liebe Gottes nach dem Evangelium durch Wort und Tat hier und heute zu bezeugen, und dieser Auftrag weist zudem über die gegenwärtige Welt hinaus; denn das gegenwärtige Leben schließt die Verbundenheit mit dem Ewigen Leben ein. Leben wir als einzelne und als Gemeinschaft der Kirche die Einfachheit einer großen Liebe, die auf der Welt das Einfachste und das Schwerste zugleich ist, weil es nicht mehr und nicht weniger verlangt, als sich selbst zu verschenken.

Liebe Freunde! Es bleibt mir, den Segen Gottes und die Kraft des Heiligen Geistes für uns alle zu erbitten, dass wir in unserem jeweiligen Wirkungsbereich immer wieder neu Gottes Liebe und sein Erbarmen erkennen und bezeugen können.

Predigt von Papst Franziskus bei der Eucharistiefeier mit
den Kardinälen am 14. 3. 2013 in der Sixtinischen Kapelle

Diese drei Lesungen haben meines Erachtens etwas gemeinsam: das Moment der Bewegung. In der ersten Lesung ist es die Bewegung auf dem Weg, in der zweiten Lesung ist es die Bewegung beim Aufbau der Kirche und im Evangelium die Bewegung im Bekenntnis. Gehen, aufbauen, bekennen.

Gehen: „Ihr vom Haus Jakob, kommt, wir wollen unsere Wege gehen im Licht des Herrn" (Jes 2,5). Es ist die erste Sache, die Gott zu Abraham sagte: Wandle in meiner Gegenwart und sei rechtschaffen (vgl. Gen 17,1). Gehen: Unser Leben ist ein Weg, und wenn wir anhalten, geht die Sache nicht. Immer gehen, in der Gegenwart des Herrn, im Licht des Herrn, und dabei versuchen, rechtschaffen zu leben, so, wie Gott es in seiner Verheißung von Abraham verlangte.

Aufbauen. Die Kirche aufbauen. Die Lesung spricht von Steinen: Steine haben Festigkeit; aber es geht um lebendige Steine, um vom Heiligen Geist getränkte Steine (vgl. 1 Petr 2,1–10). Die Kirche, die Braut Christi, auf jenen Eckstein aufbauen, welcher der Herr selbst ist. Eine weitere Bewegung unseres Lebens also: aufbauen.

Drittens: bekennen. Wir können gehen, wie weit wir wollen, wir können vieles aufbauen, aber wenn wir nicht Jesus Christus bekennen, geht die Sache nicht. Wir werden eine wohltätige NGO, aber nicht die Kirche, die Braut Christi. Wenn man nicht geht, bleibt man da stehen. Wenn man nicht auf Stein aufbaut, was passiert dann? Es geschieht das, was den Kindern am Strand passiert, wenn sie Sandburgen bauen: Alles fällt zusammen, es hat keine Festigkeit. Wenn man Jesus Christus nicht bekennt, da kommt mir das Wort von Léon Bloy in den Sinn: „Wer nicht zum Herrn betet, betet zum Teufel." Wenn man Jesus Christus nicht bekennt, bekennt man die Weltlichkeit des Teufels, die Weltlichkeit des Bösen.

Gehen, aufbauen/errichten, bekennen. Aber die Sache ist nicht so einfach, denn beim Gehen, beim Aufbauen, beim Bekennen gibt es zuweilen Erschütterungen, Bewegungen, die nicht eigentlich zur Bewegung des Gehens gehören – es sind Bewegungen, die nach hinten ziehen.

Das Evangelium fährt mit einer besonderen Situation fort. Derselbe Petrus, der Jesus Christus bekannt hat, sagt zu ihm: Du bist der Christus, der Sohn des lebendigen Gottes. Ich folge dir, aber sprich mir nicht vom Kreuz. Das tut nichts zur Sache. Ich folge dir mit anderen Möglichkeiten, ohne das Kreuz. – Wenn wir ohne das Kreuz gehen, wenn wir ohne das Kreuz aufbauen und Christus ohne Kreuz bekennen, sind wir nicht Jünger des Herrn: Wir sind weltlich, wir sind Bischöfe, Priester, Kardinäle, Päpste, aber nicht Jünger des Herrn.

Ich möchte, dass nach diesen Tagen der Gnade wir alle den Mut haben, wirklich den Mut, in der Gegenwart des Herrn zu gehen mit dem Kreuz des Herrn; die Kirche aufzubauen auf dem Blut des Herrn, das er am Kreuz vergossen hat; und den einzigen Ruhm zu bekennen: Christus den Gekreuzigten. Und so wird die Kirche voranschreiten.

Ich wünsche uns allen, dass der Heilige Geist auf die Fürbitte der Mutter Gottes, unserer Mutter, uns diese Gnade schenke: gehen, aufbauen, Jesus Christus den Gekreuzigten bekennen. Amen.